Eugen Roth
Einen Herzschlag lang

Eugen Roth
Einen Herzschlag lang

Die schönsten Geschichten

Zusammengestellt von
Thomas Roth

1 2 3 4 5   08 07 06 05 04
ISBN 3-7254-1339-8
© Sanssouci im Carl Hanser Verlag, München – Wien 2004
Einbandgestaltung: Birgit Schweitzer, München,
unter Verwendung eines Fotos von Imagno,
© IMAGNO/austrian-archives
Druck und Bindung: Memminger MedienCentrum AG, Memmingen
Printed in Germany

Die Perle

Der junge Mann, genauer gesagt, der dreißigjährige, sogar ganz genau, denn heute hatte er seinen Geburtstag, ging an einem reinen Frühsommerabend des Jahres neunzehnhundertdreiundzwanzig durch die große Stadt. Er trug einen grauen Anzug mit einem leicht hineingewobenen grünen Muster, einen dieser feschen Anzüge, an die man sich wohl noch als Greis gern erinnert, wahrscheinlich nur, weil die schönen Jugendjahre mit in die Fäden geschlungen sind; er hatte ein rundes Hütlein auf, nach Art der Maler und Dichter – und so was wird er schon gewesen sein – und wippte ein Stöckchen, wie es damals, bald nach dem ersten Krieg, Mode war, schon ein bißchen lächerlich und stutzerhaft, aber nicht so völlig unmöglich, wie es heute wäre, kurz nach dem zweiten Weltkrieg und vielleicht nicht zu lang vor dem dritten, mit einem Spazierstöckchen herumzulaufen aus Pfefferrohr mit einem Griff aus Elfenbein.

Der also wohlgekleidete Herr war fröhlich, nicht immer, gewiß nicht, er konnte unvermutet voll schwärzester Schwermut werden, aber jetzt, bei seiner Abendwanderung, die Maximilianstraße hinauf, gegen den Fluß zu, war er vergnügt, denn zu Freunden ging er ja, und nichts Geringeres hatte er vor, als mit ihnen, in der kleinen Wohnung hoch über der Isar, seinen Geburtstag zu feiern, lustig und wohl auch üppig, an der tollen Zeit gemessen, in der die Mark davonschwamm in einem Hochwasser, in dem alles dahintrieb, in dem jeder unterging, der sich nicht zu rühren verstand und sich tragen ließ.

Morgen konnte auch er untergehen, aber heute hatte ihn die Flut getragen, wunderlich hatte sie ihn hinaufgehoben. Zwanzig Schweizerfranken war er am Morgen wechseln gegangen, ein Freund aus Bern hatte sie ihm geschickt. Die Taschen voller Papiergeld, hatte er zuerst den böhmischen Schneider bezahlt, den buckligen Verfertiger des flotten grauen Anzugs, den er trug. Dann hatte er noch ein Paar Schuhe gekauft, die jetzt neu an seinen Füßen glänzten; Zigarren hatte er besorgt, Schokolade, zwei Flaschen Schnaps. Und mittags, als er nach Hause kam, waren ein paar Leute beisammengestanden um einen blassen, ausländischen Burschen, der vier Dollars anbot und keinen Käufer fand. Wahrhaftig, mit dem Rest seines Geldes hatte er die vier Dollar erworben, der Jüngling aus Serbien oder Rumänien war mindestens drei Tage hinter der Weltgeschichte zurückgeblieben gewesen. Seine Schuld – *er* hatte ihm ja gegeben, was er verlangt hatte.

Alles geschenkt, Anzug, Schuhe – *heute*. Morgen vielleicht alles genommen, alles verspielt, bis eines Tages doch der ganze Wirbel ein Ende nehmen mußte, wie alles ein Ende nimmt, wenn man nur Zeit und Geduld hat, es abzuwarten.

Wie hätte der junge Mann wissen sollen, damals, daß der erste Zusammenbruch so viel schöner war als der zweite, den er erleben würde, nicht mehr jung und unbekümmert, nein, als Fünfziger, mit ergrauendem Haar und ohne Hoffnung; daß es nur die Hauptprobe war zu einer schrecklichen Uraufführung – oder sollte auch das erst das Vorspiel sein zu dem Schauer- und Rührstück: »Weltuntergang«, das zu spielen, bis zum schrecklichen Posaunen- oder Schweigens-Ende zu spielen, der Menschheit von Anbeginn an vorbehalten ist, aber niemand weiß, wann es über die Bühne geht.

Jedenfalls, der junge Mann bummelte dahin, die Maximilianstraße bauchte sich aus zu einer grünen und rötlichen Anlage; grün waren die Beete und die Bäume, rötlich die steifen, spitzbogigen Paläste, Laubsägearbeiten, Schreinergotik nannte sie der Volksmund, aber schön waren sie doch, man begann, sie lieb zu gewinnen, nachdem man lang genug über sie gelacht hatte. Und grün und rötlich waren auch die Kastanienbäume, lachsrot all die tausend Kerzen; und weiß und rötlich war das Pflaster, der Asphalt, an sich war er grau und rauh wie Elefantenhaut, aber die Blüten, die abgefallenen, winzigen Löwenhäuptchen bedeckten ihn, daß der Fuß im Schuh das Weiche spürte, es war ein glückliches Gehen in dem Schaum und Flaum, die Weichheit des Fleisches war darin und fleischfarben war ja auch dieser Schimmer, die ganze Straße entlang.

Die Sonne war im Rücken des Schreitenden, von hinten her schäumte das Licht, vor ihm, hoch überm Fluß, funkelten die Strahlen in den Fenstern des Maximilianeums – den Zungenschlag könnte einer kriegen bei dem Wort, dachte der Mann, es flog ihm nur kurz durch den Kopf, wie eins der Blütenblätter, die vorbeiwehten, an sich dachte er an etwas andres und an was hätte er denken sollen, an was sonst an diesem Frühsommerabend, als an Frauen?

Denn Frauen auch wehten an ihm vorbei, Mädchen, in leichten und bunten Gewändern, sie kamen ihm entgegen, von der Sonne angeleuchtet, lichtübergossen; und wenn er sich umwandte, sah er ihre Beine durch das dünne Gewebe der Kleider schimmern, schattenhaft leise; das Erregende, die sinnliche Glut gab erst sein Blick dazu, die Begierde seiner Augen, der er sich ein wenig schämte und die er doch genoß, während er sich selbst ausschalt: eitel, lüstern, gewöhnlich.

Zwanzig Jahre später, wir wissens, er wußte es nicht, wird er wieder, oder: noch immer durch die Maximilianstraße gehen, viele gehen dann nicht mehr, die jetzt noch dahineilen durch den glücklichen Abend, und nach den Füßen der Weiber schielt keiner mehr, selbst die Jungen kaum, andre Dinge haben sie im Kopf, auf die Trümmer der geborstenen Häuser schauen sie, die zum ersten Mal im unbarmherzigen Licht stehen, auf die ratternden Panzerwagen der Sieger, die von weit drüben gekommen sind, übers Meer, aus fremden Städten, und die bald in München satter und fröhlicher daheim sein werden als die Münchner selber, die nur noch am Rande leben, hohläugige Schatten. Und sie erinnern sich, dann, im Jahre fünfundvierzig, daß, ein halbes Jahr früher, als noch der Schnee lag, zerlumpte Gestalten hier an offenen Feuern saßen, um die Weihnachtszeit, wie die Hirten auf dem Felde, in der Schuttwüstenei, Russen, Mongolen, Tataren – wunderlich, höchst wunderlich, in dem gemütlichen München … Aber getrost, an die Amerikaner wird man sich gewöhnen, man wird kaum aufblicken, wenn sie nun vorüberfahren, nicht mehr in rollenden Panzern, sondern in schweren, blechblitzenden Wagen; und die Russen sind nicht mehr da, gefangene Russen, schon lange nicht mehr, aber sie stehen als eine drohende Wolke im Osten, und darüber, ob sie kommen oder ob sie nicht kommen, werden die Menschen reden, fahl vor Angst und hungrig und matt, wie sie sind; sie werden nicht viel Lust haben, nach Frauen auszuspähen, die Jungen nicht und die Älteren erst recht nicht. Und die Zeit wird weiterwuchern, die Menschen werden morgen vergessen, woran sie sich eben erst schaudernd gewöhnten, durch den Urwald der Jahre werden sie gehen und was der Dreißigjährige mit siebzig Jahren denken wird, das kann noch niemand sagen; und nur ein später Leser dieser Geschichte mag es noch hinzufügen, mit Lächeln vielleicht, wenn er noch lächeln kann.

An Frauen also dachte der Mann, und mit Lust obendrein, denn was mag schöner sein, als zu Freunden zu gehen, in Erwartung eines heiteren Abends, und im Herzen süße Gedanken zu schaukeln an eine Geliebte, oder sagen wir es genauer, an diese und jene, die es vielleicht werden könnte für die nächste Zeit oder für immer.

Der Mann war jetzt am Fluß angekommen, an der Isar, die sich unter dem Joch der schönen Brücke zwängte und dann weiß schäumend, kristallklar über eine Stufe hinunterstürzte, halb im Schatten schon und vom Licht verlassen und die dann weiterzog, grün im Grünen, edlen und harten Wassers, noch einmal ins Helle hinaus, unter dem lavendelblauen, ja, fast weißen, rahmfetten Himmel hin.

Er stellte sich an die Brüstung, er schaute hinab auf den tosenden Fall, wie die Flut zuerst Zöpfe flocht und Schrauben drehte, alles aus Glas, das dann zerbrach, am Stein zerhackt, über einander in Scherben stürzend, zu Dampf zermahlen, in Fäden triefend, von Luft schäumend aufgeworfen, bis es wieder hinausstieß, wie Tafeln Eises zuerst aneinandergeschlagen, zuletzt aber glatt, wie in kalten Feuern geschmolzen, in einer großen Begier des Fließens.

Das Wasser macht die Traurigen froh und die Fröhlichen traurig, mit der gleichen ziehenden Gewalt, mit dem Murmeln derselben Gebete und Beschwörungen; und der Mann, der ja leichten Herzens gewesen war, spürte das, wie er immer schwerer wurde; und da er unterm Betrachten des Wasserfalls nicht aufgehört hatte, an Frauen zu denken, so wurden seine Gedanken an Frauen dunkler, es schwand ihm die kühne Zuversicht, der Wille löste sich auf, zu werben und zu besitzen, laß fahren dahin, dachte er und gab so die Liebe selber dem Wasser preis und schickte sie hinab in das Vergängliche.

Sobald er den Blick wieder abwandte vom Rinnenden, erholte sich sein Gemüt, in den Sinn kams ihm, wie gut er hier stand, an der nobelsten Stelle von ganz München, und in bester Laune bog er nun in die Uferstraße ein, unterm schon dämmernden Dach der Ahornbäume schritt er dahin, mehr nun der Männer gedenkend als der Frauen, die Freunde vorschmeckend und ihre Heiterkeit, den Wein auf der Zunge spürend, übermütig spielend mit der Voraussicht, daß sie den Doktor, den Wirt, ein zweites, ein drittes Mal gar in den Keller hinuntersprengen wollten, damit er, von ihren Spottreden gestachelt, mit saurer werdender Miene immer süßeren Tropfen heraufhole, mühsam genug, bis hoch unters Dach, wo sie sitzen wollten und zechen, bis die Sterne bleicher würden …

Der Dreißigjährige wippte jetzt wieder sein Stöckchen, er ging tänzerleicht und an und ab schaute er auf den Boden, kindisch vor sich hin pfeifend. Da sah er ein glänzendes Ding liegen, bestaubt, aber doch von opalnem Schimmer. Sieh da, sagte er halblaut zu sich selber, welch ein Schwein, eine Perle zu finden. Die Reichtümer Indiens legen sich mir zu Füßen!

Die Perle war groß wie ein Kirschkern, eher noch größer, wie eine Haselnuß, rund ohne Fehl. Kunststück, dachte er, mit dem Wort spielend, Kunst-Stück, Gablonzer Ware, Wachsperle, Glasfluß, was weiß ich … Und er setzte sein Stöckchen dran, es bog sich leicht durch und eh er sichs versah, flog die Perle, von der Schnellkraft des Rohres getroffen, in einem einzigen Bogen davon, an den Ranken des wilden Weins vorbei, die dort in den Fluß hinunterhingen, hinaus ins Wasser.

Der Mann lachte, über solch unfreiwillige Golfmeisterschaft belustigt, er wünschte den Isarnixen Glück zu dem zweifelhaften Geschenk, sie solltens hinuntertragen bis zur Frau Donau, wenn sie sich nicht derweilen schon selbst im Wasser auflöste, die falsche Perle, die nun dahintreiben mochte zwischen Wellensmaragd und Katzengold, unecht, trügerisch alles miteinander, in bester Gesellschaft.

Er war nun auf der Höhe des Hauses angekommen, aber viel zu früh noch, wie ihm ein Blick auf die Uhr bewies, und so hatte er noch Zeit genug, in die Isar zu schauen, bis die andern kamen, er mußte sie ja sehen auf der noch hellen, fast leeren Straße.

An Frauen zu denken, lag heute wohl in der Luft und so wob auch er schon wieder an der alten Traumschnur, aber die Perle knüpfte er mit hinein, ein geübter, bunter Träumer, wie ers war, viele Perlen, und je länger er ins Fließende sah, kamen auch Tränen dazu, süße und bittere.

Wenn das Ding nicht so unglaubwürdig groß und ohne Makel gewesen wäre ... Der erste Zweifel probte seinen Zahn an ihm: Ist da nicht neulich erst etwas in der Zeitung gestanden, von einem Platinarmband, das ein Arbeiter gefunden hat? Lachend hat ers für ein paar Zigaretten hergegeben. Wenn so was echt wäre, hat er gemeint, müßts ja hunderttausend Goldmark wert sein – also ists falsch: eine großartige Logik. Hat nicht Mazarin, der spätere Kardinal, kalten Herzens einem armen Amtsbruder einen kostbaren Schmuck für einen Pappenstiel abgehandelt? »Glas natürlich, mein Lieber, was denn sonst als Glas?« Und hat er, der Perlenfinder, nicht selbst ein riesiges Goldstück in der Tasche herumgetragen, wochenlang, und es aus Jux als Hundertmarkstück hergezeigt, bis es ihm ein Kenner als echte Schaumünze erklärt – und dann für einen Haufen Papiergeld abgedrückt hat?

Der Zweifel hatte sich durchgebissen. Das Blut schoß dem Mann in heißer Welle hoch: Die Perle war echt, sie konnte echt gewesen sein.

Natürlich waren das lächerliche Hirngespinste. Tatata! Er mußte ja wohl nicht gleich mit allen Neunen umfallen, wenn der Teufel sich den Spaß machte, auf ihn mit einem Glasschusser zu kegeln.

Gleichviel, der Traum ging weiter: Angenommen, die Perle war echt … Hätte er sie zurückgegeben? Selbstverständlich – nun, selbstverständlich war das nicht … Nach Berlin wäre er gefahren, noch besser, nach Paris … Im Schatten der Vendôme-Säule, die kleinen Läden … er lächelte: ausgerechnet er, der Tölpel, würde sich da hineintrauen, um eine Perle von verrücktem Wert anzubieten; über die erste Frage würde er ins Gefängnis stolpern. Also doch besser: zurückgeben – aber wem? Wer konnte sie verloren haben?

Herrliche Frauen stellte er sich vor; eine Engländerin, wie von Botticelli gemalt, würde des Weges kommen, jetzt gleich, die Augen suchend auf den Boden geheftet. Wie ein Gott würde er vor sie hintreten. »*Please!*« würde er sagen, mehr nicht, denn er konnte kein Englisch. Trotzdem, es würde eine hinreißende Szene werden; die süße Musik aus dem Rosenkavalier fiel ihm ein – ja, so würde er dieser Frau die Perle überreichen. Wars nicht besser eine Dame des französischen Hochadels – wenn er sie sich schon heraussuchen durfte –

eine Orchidee von einer Frau: und auf französisch würde er wohl einiges sagen können.» *Voilà*«, würde er sagen; und jeden Finderlohn edel von sich weisen. »Madame, Ihre Tränen getrocknet zu haben, ist meinem Herzen genug. ›*Avoir*‹ – was heißt trocken? ›*Avoir séché vos larmes*‹ ...« Er lachte sich selber aus: Solchen Mist würde er reden, da war es schon besser, die Perle war noch falscher als sein Französisch und seine Gefühle. Und wenn sie echt war, die Perle, die kirschengroße, untadelige: Wem gehörte sie dann anders als so einem halbverwelkten amerikanischen Papagei – immerhin, ein paar Dollars auf die Hand wären auch nicht übel ...

Und schon erlaubten sich seine Gedanken, in den alten Trott zu verfallen und ein paar Runden das schöne Kinderspiel vorzuexerzieren: »Ich schenk Dir einen Taler, was kaufst Dir drum?«, bis er sie unwillig aus dem Gleis warf.

Hanna war ihm eingefallen, auf dem Umweg über diese lächerliche Perle: Und zwar das, daß er auch *sie* nicht geprüft hatte, mit liebender Geduld, sondern weggestoßen in der ersten Wallung gekränkter Begierde. Und hier und heute, hinunterblickend in den nun rasch sich verdunkelnden Fluß, gestand er sichs ein, daß er mehr als einmal erwogen hatte, ob sie nicht doch echt gewesen war, Hanna, die Perle – und ein kostbarer Schmuck fürs Leben. Und vielleicht – fing er wieder zu grübeln an –, wenn sie geringer gewesen wäre und nicht so unwahrscheinlich makellos; aber das wars ja wohl, was ihn scheu gemacht hatte: eine Blenderin, eine kalte Kunstfigur mußte sie sein, denn der ungeheure Gedanke, daß sie ein Engel sei, war nicht erlaubt. Grad so gut konnte die Perle echt gewesen sein. Ach was – Spiegelfechterei der Hölle, genug – dort kamen die Freunde.

Ja, die Freunde, sie kamen und in einem Springquell von Gelächter stiegen sie alle zusammen zur Wohnung des Doktors empor. Der empfing sie mit brennender Lunte und vollen Flaschen, und im Trinken, Rauchen und Reden wurde es ein Abend, wie er so frei und schön selbst der Jugend nicht immer gelingt, wenn sie Wein hat und Hoffnung auf ein noch einmal gerettetes Leben.

Und bis die Mitternacht da war, hatten sie mancher Woge berauschter Lust sich überlassen und dann wieder manches tiefsinnige Wort still hinter den Gläsern gesprochen und angehört und nun weissagten sie und redeten in Zungen und sie sahen vieles, was verborgen ist und viele, die nicht mehr sichtbar sind nüchternen Augen. Sie witterten, ans Fenster tretend und hinunterspähend auf den schwarz und weiß rauschenden Fluß und hinauf in die wandernden Sterne, das Feuer über den Dächern, sie schwuren sich, daß der Tod sein Meisterstück noch nicht gemacht habe und sagten einander mit der erschreckenden Klarheit des Trunkenseins auf den Kopf zu, daß er sie noch zu einem besonderen Tanze holen wolle.

Gegen zwei Uhr aber mußte der Doktor wirklich noch zum dritten Mal in den Keller, und die wütenden Zecher bedrängten ihn, daß er vom Besten bringen sollte, er wüßte schon, welchen. Der Hauswirt wehrte sich lachend, er denke nicht daran, seine Perlen vor die Säue zu werfen.

Da fiel unserm Mann die Perle wieder ein, vom Spiel des Wortes heraufgeholt rollte sie in sein Gedächtnis, er hielt die flache Hand in die lärmende Schar, als könnte er das Kleinod zeigen und: »Denkt Euch«, rief er, »eine Perle habe ich diesen Abend gefunden, groß wie eine Walnuß, rund wie der Mond, schimmernd und schön wie –« »Wo ist sie, wo ist sie?« schrien alle auf ihn ein, nur, um ihrer Hitzigkeit Luft zu machen. »In der Isar!« lachte er, »bei den feuchten Weibern – den grüngeschwänzten Nixen hab ich sie geschenkt!«

»Großherziger Narr!« rief da der Doktor, der schon in der Tür stand und nun eilig zurücklief, einen fassungslosen Blick auf den Erschrockenen werfend. »Ja, Unseliger, hast Du denn die Zeitung nicht gelesen?« Und er wühlte mit zitternder Hand ein Blatt aus einem Stoß Papiers, schlug es auf und las mit erregter Stimme: »Hohe Belohnung! Auf dem Weg vom Prinzregententheater zum Hotel Vier Jahreszeiten verlor indischer Maharadscha aus dem linken Nasenflügel …«

Sie ließen ihn nicht weiter flunkern, sie rissen ihm die Zeitung aus den Händen, suchten zum Scherz nach der Anzeige – nichts natürlich, keine Zeile, erstunken und erlogen das

Ganze wohl, die dumme Perlengeschichte.«»Aber blaß ist er doch geworden!« trumpfte der Spaßvogel auf und zeigte mit spottendem Finger auf den Perlenfinder; und der saß wirklich da,»als hätten ihm die Hennen das Brot genommen«, krähte einer, aber der war schon leicht betrunken. Und der Wein war wichtiger jetzt als die Perle, und der Gastgeber wurde in den Keller geschickt, mit drohenden Worten, und er ging auch und brachte vom Besten herauf und der hielt sie noch beisammen, in ernsten, überwachen Gesprächen, bis die Morgenröte herrlich ins Zimmer brach und die erste Möwe weiß über den grün aufblitzenden Fluß hinstrich.

Von der Perle war nicht mehr die Rede und auch von den Frauen nicht und so blieb es im Dunkel, ob die Perle echt gewesen war oder nur ein Glasfluß. Auch ob Hanna die rechte gewesen wäre und ein einmaliger Fund fürs Leben, wurde nicht erörtert, wie es doch sonst oft besprochen wird, wenn Männer reden, in aufgeschlossener Stunde.

Nein, sie stritten über andere Dinge an diesem grauenden Morgen, um wichtigere, wie man zugeben muß, sie spähten nach dem Wege, den Deutschland, den die Welt gehen würde in den nächsten zehn, zwanzig Jahren und bei Gott, sie kamen der Wahrheit so nahe, wie es ein denkender Mensch damals nur konnte, und es war eine schreckliche Wahrheit.

Daß aber ein Vierteljahrhundert später die satten Sieger durch das zertrümmerte, sterbende Reich fahren würden, in mächtigen, blanken Blechwagen, das war nicht auszudenken, auch für den schärfsten Verstand nicht, damals, nach dem ersten Kriege.

Ein solcher Wagen fuhr aber wirklich mit lautloser Wucht durch einen klaren Sommerabend des Jahres 1946 den Fluß entlang und bog auf die Prinzregentenbrücke ab. Und es saß ein junges Ehepaar aus Chicago darin, der Mann, ein Offizier der Besatzungsmacht, steuerte selbst. An der Biegung aber, als der Wagen stoppen mußte, um andere vorbeizulassen, zeigte die Frau aus dem Fenster und sagte, hier irgendwo habe, vor Jahren, sie selber sei noch ein Kind gewesen damals, ihre Mutter auf dem Heimweg von einer »Rheingold«-Aufführung – und sie habe durchaus zu Fuß gehen wollen in jener prächtigen Sommernacht – aus dem rechten Ohr eine Perle verloren, die Schwester von der, die sie jetzt als Anhänger trage. Und natürlich habe sich nie ein Finder gemeldet, denn um eine solche Perle habe man damals halb Deutschland kaufen können.

Heute, sagte der Mann und ließ den Wagen anziehen, denn die Straße war grade für einen Augenblick frei, heute würde man, soweit noch vorhanden, das ganze dafür bekommen; und lächelte ihr zu.

Am Brückengeländer aber lehnte ein Mann, er sah wie sechzig aus, er war wohl jünger, er trug ein rundes Hütchen und einen schäbigen grauen Anzug, der ihm viel zu weit war.

Er schaute in den Fluß hinunter, er blickte in die leeren Fensterhöhlen des verbrannten Hauses gegenüber und zuletzt ließ er seine traurigen, bitteren Augen dem glänzenden Wagen nachlaufen, bis der in dem Grün der Anlagen verschwand, über denen hoch und einsam der Friedensengel schwebt.

Einen Herzschlag lang

Zu Silvester wurde, das war nun schon ein Herkommen seit fünf, sechs Jahren, der Junggeselle Peter Amrain von der Familie Boerner zu Tisch geladen. Es kamen dann wohl auch andere Bekannte dazu, Freunde des Hauses oder, gelegentlich, durchreisende Landsleute aus dem Norden des Reichs, und so wurde, zu sechsen oder sieben, mehr waren es selten, das neue Jahr begrüßt, auf eine heitere und gesellige Art, mit reichem Essen und guten Weinen; denn der Großkaufmann Max Boerner ließ sich's, ohne grade aufzutrumpfen, was kosten, und die Gäste rechneten sich's hinterher, auf dem Heimweg, nicht ohne Hochachtung einander vor und stellten anerkennend fest, daß es üppiger nicht gut hätte sein können.

Aber, was nicht auszurechnen war, weder im voraus noch nachträglich, das war der eigentliche Wert des Abends, der hing von der Stimmung ab, die jeder vorfand und selber mitbrachte; und wenn es sich auch versteht, daß unter gescheiten und wohlerzogenen Menschen ein solches Fest, im erlesenen Rahmen, immer ein gutes Bild abgeben muß, manchmal blieb es doch bei matteren Farben, deren keine leuchten wollte im Zauberglanz des Einmaligen und Unvergeßlichen, weder die Heiterkeit noch die Schwermut gaben ihr Gold, mit lahmen Späßen ward das Blei gegossen oder das prasselnde Feuerwerk abgebrannt, ohne Rührung ward der weihnachtliche Lichterbaum entzündet, nichts sprach mächtig und hold aus Zweigen und Kerzen, und ratlos, womit sie noch aufwarten sollten, gaben der Hausherr und die Seinen dem vorzeitigen, höflichen Aufbruch der Gäste nach, die selbst nicht wußten, warum ihnen diesmal, bei gleicher, ja formelhafter Beschwörung, das Geheimnis nicht sich hatte enthüllen wollen. – –

Nun also war es wieder soweit, naß und föhnig klatschte der letzte Dezembertag über die Stadt, zwischen Regen und Schnee war das Gerlesel, das niederfuhr im goldnen, schaukelnden Licht der Laternen, und dann hörte es ganz auf und nur das Glockenläuten war mächtig in den Lüften, als Peter Amrain des Wegs kam, zu seinen Gastgebern, viel zu früh noch, wie er jetzt sah, auf die Uhr blickend im letzten Zwielicht, unter der Bogenlampe an der Brücke, darunter dunkel und mattglänzend der Fluß hinrauschte, leise klirrend von Eis, leicht und winterschmal.

Er hatte Zeit, zu verweilen, es ist nicht erwünscht, als Gast vorzeitig zu kommen, der warmgekleidete Mann mit dem Blumenstrauß unterm Arm ging also hin und her auf der Brücke oder spähte ins Wasser, wo zwischen goldenen Schlangen von Licht die Finsternis trieb und Scholle an Scholle.

Das Läuten klang schön in die Stille, und dem Wartenden fiel es ein, daß dies nun der letzte Tag des Jahres war, wieder ein Jahr dieses wachen und fordernden Lebens, wer weiß, wohin es noch floß, von den Wellen dort unten konnte man's wissen, aber nicht von den Jahren, die noch kommen würden, wenige vielleicht, oder viele, denn das mochte so sein oder so bei einem, der zwischen vierzig und fünfzig stand.

Die rührende Geschichte aus dem Schullesebuch fiel ihm ein, die »Neujahrsnacht eines Unglücklichen«, so hatte sie wohl geheißen, und halb lächelnd, halb in Schwermut überdachte er sein Leben und erstaunte fast, daß er noch da war, ein wenig müde und enttäuscht, aber noch unerschüttert in seinen Grundfesten, da es doch so viele, die mit ihm angetreten waren, hinabgeschwemmt hatte in Tod und Verderben, schaudervoll zu denken, wo sie sein mochten, die lautlos Verschollenen. Das waren noch Silvesterfeiern, fiel ihm ein, im Kreis der Freunde, Feste der Jugend, die Götter zu bannen wußte, Gelage der Heiterkeit und eines schönen Weltschmerzes, traurig belächelt jetzt von dem Nüchternen, der zu fremden Leuten ging im Grunde, in Gesellschaft, wie man so sagte, nette, liebe Leute gewiß, die ehrlich bemühten Gastgeber; und der Doktor Urban mit seiner Frau, die noch zu erwarten waren, wie mochten sie sein?

Die Hausfrau würde wieder davon reden, daß er doch heiraten sollte, endlich, seit sieben Jahren war das ihr Lieblingsgespräch; aber er hatte nun einmal kein gutes Frauchen bekommen, wie sie's ihm wünschte, und nun würde er es wohl auch nicht mehr versuchen. Die Frauen waren nicht allein dran schuld, so gerecht war er, das zuzugeben, viele hatten ihr Bestes versucht, und er war dankbar für schöne, unnennbare Zeiten. Ja, so schmal war hier die Grenze, darauf des Lebens Gesetze aneinanderstießen, wer konnte sagen, auf welcher Seite die Schuld stand, anders gesehen von dem, der Unrecht tut, und anders von dem, der es leidet. Aber damals, das große Erlebnis mit Laura, das einzige, wie ihm seitdem schien, das um den vollen Einsatz des Herzens ging, da war schmählich an ihm gehandelt worden, an ihm, der wehrlos war vor Liebe. Laura, wunderbar war sie zu ihm gekommen, ein Engel des Glücks, ungläubig hatte er sich losgelassen in so viel Seligkeit hinein, angefleht hatte er sie, ihn nicht ungewarnt an den Rand des Abgrunds zu führen, und lachend, mit süßer Lockung, hatte sie mit ihm gespielt, hatte ihn ausgespielt gegen einen andern, den er nicht sah, den er immer spürte; und als er, nicht länger gewappnet, sein Herz auftat in holdem Vertrauen, da war jener Brief gekommen, schnöder

Worte voll, daß sie für den andern sich entschieden habe, so schwer es ihr geworden sei; selber habe sie es ihm sagen wollen, aber krank, so schrieb sie, liege sie zu Hause, erdrückt vom Schmerze solchen Entschlusses. Und er, der Tölpel, zerschmettert von diesem Schlag, hatte sich gleichwohl unverzüglich auf den Weg gemacht, sie zu besuchen, zu trösten, die Last von ihr zu nehmen, unter Tränen war er gegangen, Blumen in Händen, wie im Traum.

Und war ihr in den Weg gelaufen, wie sie gar, gar nicht krank und von Schmerz erdrückt, wie sie lachend an der Seite eines vierschrötigen, finstern Gecken im Wagen saß, der eben im Begriff war, abzurollen. Und er, der Narr, hatte den Hut gezogen, war, unter dem höhnisch gelangweilten Blick jenes Herrn, an den Schlag getreten und hatte, von Qual verzaubert und keiner Worte mächtig, ihr die Blumen gegeben; fortgewankt war er, ohne länger in ihr erschrocknes Gesicht schauen zu können, das sich schon wieder zu einem Lächeln geschürzt hatte, bereit, neue Entschuldigungen zu erfinden. Und dann erst hatte er seine Schmach völlig begriffen und gewütet gegen sich selber, gegen sein törichtes Herz.

Laura hatte ihm Briefe geschrieben, er hatte sie ohne Antwort gelassen. Er war ihr begegnet, im Fasching, des Schicksals Laune hatte sie zusammengeweht am Rande des wirbelnden Festes, sie hatte ihn mit Namen gerufen, er hatte durch sie hindurchgesehen, mit kaltem Blick und heißem, quellendem Qualm in der Brust. Und die Zeit, die allmächtige Zeit, hatte dann dies alles fortgetragen, es war jetzt schon lange her, sieben Jahre; aber wenn er sie sähe, Laura, die Geliebte, die Gehaßte, alles würde wieder sein, wie es war, ungesühnt, aus alter Wunde frisch blutend.

Peter Amrain blickte nicht länger auf das ziehende Wasser. Zu früh war er daran gewesen, nun hatte er die Zeit vertan mit verschollnen Erinnerungen; reichlich spät war es nun, und eilig ging er dem Hause zu, dessen Gast er sein sollte.

Gleichwohl war er noch der erste, freudig in der Diele begrüßt vom Hausherrn, der freilich zugleich bedauern mußte, daß sowohl ein älteres Ehepaar als auch eine junge Dame, die man eigens, dem Junggesellen zuliebe, geladen habe, wegen der leidigen Grippe hätten absagen müssen, so daß man mit einem kleinen Kreis sich zu bescheiden habe.

Inzwischen waren bereits die Stimmen der Neuangekommenen zu vernehmen, und Doktor Urban betrat den Raum. Er war ein massiger, sicherer Mann, ausgesucht gekleidet, und auch die Höflichkeit, mit der er sich vorstellte, vermochte nicht die fahle Düsternis zu verscheuchen, die auf seinem festen Gesicht lag; mit Unbehagen spürte Peter, während die ersten Worte eines belanglosen Geplauders fielen, daß er diesem Herrn schon einmal begegnet sein müsse, aber da der andre keine Miene des Erkennens machte, konnte es wohl auch eine Täuschung sein.

Unter heiterm Schwatzen traten die Damen näher, und Peter, der, ein Glas Südwein in der Hand, mit dem Rücken zur Tür stand, mußte sich umwenden, sie zu begrüßen.

Voll und unausweichbar sah er Laura ins Gesicht. Beiden schoß das Blut in die Wangen, die Frau stieß den Atem von sich wie einen Schrei. Das Glas in Peters Hand zitterte; blind tappend, in der brausenden Verfinsterung seiner Brust, stellte er es ab, verfehlte den Tisch, an dessen Kante es knakkend zersprang.

Einen Herzschlag lang sah er sich stehen, mit gezogenem Hut, windzerflatternden Haars und quellender Tränen, am Wagenschlag, dieser Frau die Blumen reichen, verwirrten Gefühls, liebend noch und schon hassend, unterm herausfordernden Blick dieses Mannes, den er nun jäh wiedererkannte und der auch jetzt, das spürte er durch die geschlossenen Augen, verächtlich auf ihn, den Mißgeschickten, sah.

Niemals, schrie eine Stimme in ihm, nie und nimmer dürfte er jetzt sich beugen, an ihr, der schonungslosen, sei es jetzt, die Demütigung einzustecken, nun könne sie ja, und mit besserm Grund als damals, Krankheit vorheucheln und die Flucht ergreifen, was, zum Teufel, liege an einem verpfuschten Abend, was an der glatten Höflichkeit, bei solchem Angebot des Schicksals.

Da sah er, und all das noch im Augenblick der Verwirrung, die um das zerbrochene Glas entstand, in Lauras Augen die

Qual, in der noch die Bitte um Gnade war, in der aber schon der Haß ausgewloser Gefangenschaft aufglomm, er sah, wie ihr Mund, zwischen einem Weinenwollen und dem mühsamen Formen von Worten, zuckte; und da sagte er, seine Stimme klang ihm selber fremd und wie von weither, mit gutem Lächeln sagte er in ihr nun schmelzendes Gesicht hinein, die gnädige Frau lerne da gleich einen rechten Tolpatsch kennen, und nannte ihr seinen Namen, so verbindlich und beiläufig, wie er ihn tausendmal genannt hatte, und beugte sich flüchtig über ihre Hand.

Sie begriff ihn, mit süßer Gewalt stürmte sie in sich selbst zurück, und mit neugewonnener Sicherheit, einen Blick des Einverständnisses von ihrem kalt schauenden Gatten holend, scherzte sie, und es klang nicht plump im holden Atem ihrer Erlöstheit, das alte Wort, daß Scherben Glück brächten und niemand wisse, welch unbekanntem Gotte hier habe ein Trankopfer geweiht werden sollen.

Gleich darauf baten die Hauswirte zu Tisch; und da nichts anregender ist, als kleine Unglücksfälle, die jeden zu verdoppelter Herzlichkeit verpflichten, so gediehen bald heitere Gespräche hin und her, und auch der Doktor Urban, der wuchtige, mischte sich darein, unter kräftigem Essen und erstaunlichem Trinken.

Peter Amrain sah ihn mehr als einmal verstohlen an und dachte, das also sei der Mann, der ihm vorgezogen worden sei und um dessen willen er so gelitten habe. Er vermochte aber nicht, ihn zu hassen, nur fremd schien er ihm, unsagbar fremd, nicht anders zu betrachten als ein fernländisches Tier, wohlverwahrt hinter den Gitterstäben guter Kinderstube, aber gewiß nicht zahm, von innen her, sondern tückisch und gewalttätig, wenn einer es reizte oder gar ihm etwas nehmen wollte, was es, gutwillig herzugeben, nicht gesonnen war. Nun blickte er auch zu Laura hinüber und es war ihm, als müsse er jetzt auch ihre Schuld milder beurteilen, und die flüchtige Regung, er habe sie allzu leichten Kaufes davonkommen lassen, wich wieder einem tiefen und freudigen Frieden seines Herzens. In jenem Augenblick, da er sich bezwungen und den lang aufgehobenen, in wilden Träumen ausgespielten Trumpf preisgegeben hatte, war dieser Friede über ihn gekommen und hatte die Leidenschaft in ihm still gemacht, den Haß und auch die Liebe, in einer verwandelnden Kraft des Schicksals; er horchte tief in sich hinein, ob er die Frau noch begehre, die dort saß, noch unverwelkt; aber keine glühende Antwort kam mehr aus seiner Brust; in seines Herzens Feuern war sie verbrannt, in ihm und für ihn verbrannt zu Asche, und im Sturm jenes Augenblickes, vorhin, in dieser rasenden Entscheidung, war sie noch einmal aufgelodert und dann zu Staub zerfallen.

Währenddem war das festliche Mahl weitergegangen, die Gespräche wandten sich hierhin und dorthin, dann wurde die Tafel aufgehoben, der Hausherr hatte dem Doktor etwas zu zeigen, worauf sie bereits eindringlich zu reden gekommen waren, die Hausfrau hatte in der Küche nach dem Rechten zu sehen, und Peter und Laura standen sich, sie hatten es erwartet, gefürchtet vielleicht, unter vier Augen gegenüber.

Die ungesprochenen, die unendlich schwer zu sprechenden Worte bedrängten sie, stumm sahen sie einander ins Gesicht. Endlich sagte er, und er vermied es, sie mit Namen anzusprechen, nun sei, unvermutet genug, gekommen, was habe kommen müssen, und es sei in der Tat, mit dem zerbrochenen Glase, etwas wieder heil geworden und, wie er hoffe, für immer. Und er gab ihr noch einmal die Hand. Diese Hand in beiden Händen pressend, holte sie seinen Namen aus der süßesten Verborgenheit des Erinnerns auf ihre Lippen, alles, flüsterte sie, sei anders gewesen, schlecht, gewiß, unverzeihlich schlimm habe sie sich benommen, aber so nicht, wie es hätte scheinen müssen in seinen Augen. Und, fügte sie dunkel und traurig hinzu, glücklich sei sie ja auch nicht geworden. Davon, sagte er, abweisend, solle die Rede nicht sein, das Böse sei aus der Welt geschafft in diesem Augenblick, der Willkomm und Abschied in einem bedeute. Ob er denn, fragte sie erschrocken und ließ seine Hand los, ihr nicht so wahrhaft vergeben habe, daß sie hoffen dürfe, ihn von nun an wiederzusehen, aber er wehrte ab: Das Schicksal, sagte er, habe sie ein gutes Ende erleben lassen wollen, nicht einen schlechten Anfang; denn so gnädig komme es nur einmal. So wisse sie denn, sagte sie, und sie müsse es hinnehmen, daß er sie nicht mehr liebe. Einen Herzschlag lang, sagte er, habe er sie heute wahrhaftiger geliebt denn jemals in all seiner Leidenschaft; aber noch zu verweilen, nach solcher Höhe des Gefühls, sei Frevel gegen das innerste Gesetz dieser Stunde. Und schon wollte er es aussprechen mit bitterer Deutlichkeit, ob sie denn von ihm erwarte, daß er den Dritten spiele, so oder so, da hatte auch Laura begriffen, was zu begreifen war. So möge er denn, sagte sie schwimmenden Blicks, diese Höhe des Gefühls auch ihr erlauben, einen Herzschlag lang. Und sie nahm seinen Kopf mit beiden Händen und küßte ihn.

Laura, rief er, glücklich zugleich und erschrocken und, daß es zu spät sei, wollte er sagen, aber da hatte sie ihn schon losgelassen, und sie standen in leuchtender Verwirrung, als der Hausherr mit dem Doktor aus dem Dämmern herantrat und einen Augenblick beklommene Stille herrschte.

Hohe Zeit sei es, lachte Herr Boerner mit großer, mit übertrieben großer Munterkeit, nun an die Arbeit zu gehen, das alte Jahr neige sich zur Rüste und noch sei nicht Blei gegossen, Punsch gebraut und Feuerwerk vorbereitet. Er machte sich denn auch gleich ans Werk, in der Küche wurde das blinkende Metall geschmolzen und das Wasserschaff bereitgestellt, Doktor Urban hatte als erster zu gießen, und ein rätselhaftes Zackengebilde zog er aus dem wallenden Wasser, niemand vermochte es zu deuten. Und da sagte der Doktor selber, und er sagte es mit bösem Lachen und drohend sah er Peter Amrain dabei an, ob es vielleicht ein Geweih habe werden sollen, das Zackending. Aber er blieb ohne Antwort, vorerst, neuer Jubel scholl um frischen Guß, Frau Laura fischte eine blanke Träne aus der Flut, und wie heiter sich auch alle gebärden mochten, sie sah traurig darauf und feuchten Auges. Die Reihe kam an Peter, rasch stülpte er das schwankende Blei ins zischende Naß und hob fragenden Blicks das Glänzende ans Licht und, leicht sei das zu erraten, frohlockte die Hausfrau, eine Flasche sei es, ein Tränenkrüglein; und so kühn die Deutung war, man ließ sie gerne gelten, und Peter meinte nur, umgekehrt hätte es sein sollen, aber Frau Laura sagte, das sei noch nicht ausgemacht. Sie sahen sich dabei innig an, niemand sonst maß diesen Worten etwas bei.

Die Mitternacht rückte heran, der Punsch wurde gebraut, und die Männer rüsteten, eifrig hin- und herlaufend, im Garten das Feuerwerk, wenige Schritte vorm Haus, wo im goldenen Licht einer Kerze, die am Boden stand, die Raketen aus den Flaschenhälsen in das Dunkel des Himmels zielten, der jetzt voller Sterne stand.

Nun, sagte Peter Amrain mit Festigkeit zu dem Doktor, der neben ihm in der halben Finsternis stand, wolle er ihm antworten auf eine Frage, die er wohl verstanden habe. Er könne nur so viel erklären, daß er an diesem Abend, einer Fügung gehorsam, mit aller Herzenskraft etwas in Ordnung gebracht habe; er zweifle nicht, daß Frau Laura ihm ein Mehreres davon berichten werde; wenn er freilich die Absicht haben sollte, dies alles wieder in Unordnung zu bringen, so stehe er ihm zur Verfügung.

Der Doktor funkelte ihn zweifelnd an und war im Begriffe, zu reden, wohl kaum im Guten. Doch ging im selben Augenblick in allen Gärten ein wildes Schießen los, mit hellem Knattern und dumpfen Schlägen; Feuerschlangen zischten in die Luft. Auch der Hausherr lief nun herbei, die Hände voller Schießeisen. Er bot den beiden Männern ein Pistolenpaar, sie nahmen die Waffen ernster, als der, der sie übergab, es sich erklären konnte. Der Hausherr, aus seinem Rohr, schoß zuerst, auf die Kerze, wie er, die Richtung weisend, hinzufügte; gleich darauf drückte der Doktor los. Die Flamme blieb unbewegt. Dann schoß Peter. Im Spritzen des getroffenen Wachses erlosch das Licht. Ob er immer so schieße, fragte der Doktor in einer Mischung von Spott und Unbehagen. Nicht immer, aber meistens, rief statt des Gefragten der Hausherr, ein alter Soldat behalte eben doch seine sichere Hand.

Ein neues Licht wurde gebracht, die Raketen wurden, unterm lachenden Zuruf der Frauen, in die Lüfte geschickt, dann ließ ringsum der Lärm des Schießens nach, nur die Glocken klangen, weither und feierlich.

Man ging wieder ins Haus zurück, der Punsch wurde herumgereicht, alle stießen miteinander an auf ein gutes, auf ein friedliches neues Jahr. Doktor Urban, der kein Auge von seiner Frau gelassen hatte, sah ihr erfülltes Gesicht, von einer furchtlosen Freude überglänzt, und da ging auch er zu Peter Amrain hinüber und hob sein Glas gegen das seine; er glaube, sagte er, ihm auch seinerseits, ohne es freilich recht zu wissen, zum Danke verpflichtet zu sein.

Als die Gesellschaft, in der zweiten Morgenstunde, aufbrach, hatte es geschneit; der neue Tag, das neue Jahr lag weiß vor ihrem Weg, ein unbeschriebenes Blatt, und da erzählte ungefragt Frau Laura ihrem Mann die Geschichte dieser Begegnung, da stand Peter Amrain auf der Brücke am Fluß, wie er dagestanden hatte vor vielen Stunden, und er gedachte, dem ziehenden, kristallen klirrenden Wasser nachhorchend, der wunderlichen Strömung seines inneren Lebens.

Herr Boerner aber, der Gastgeber, ging noch durch das Haus, die Kühle der Nacht floß durch die offenen Fenster in den Dunst des Rauches und der Reste, und gähnend sagte er zu seiner Frau, die das Nötigste ordnete und räumte, er sei nicht klug geworden aus seinen Gästen, ungreifbar sei hinter allem etwas gestanden, wie ein Geheimnis.

Die Hausfrau aber lächelte, man müsse zufrieden sein, wenn nur die Gäste selber klug geworden seien aus diesem

Abend; und ihr habe es geschienen, als sei da insgeheim ein Spiel zum guten Ende gespielt worden, dessen Trümpfe alle Herr Peter Amrain in der Hand gehabt habe.

Die schöne Anni

An viele Dienstmädchen kann ich mich erinnern seit den ersten Lebensjahren, und öfter als einmal bin ich versucht gewesen, die Geschichte meiner Jugend dem Wechsel ihrer Regierung entsprechend aufzuschreiben, dergestalt, daß jedes Hauptstück der Erzählung einer dieser unvergeßlichen Gestalten gewidmet ist. Denn mehr als die Eltern haben sie oft unser Kinderdasein bestimmt, wie ja manch eine, nur dem Buchstaben nach eine Dienende, in Wahrheit die ganze Familie beherrscht hat.

Ich müßte dann berichten von Anna I., der Groben, von 1896 bis 1901, von Anna II., der Beständigen, von 1901 bis 1909, von Babette der Faulen, 1909 bis 1910, von Cäcilie der Frommen, Erna der Rothaarigen, Marie der Schmutzigen und vielen andern, die dazwischen, manchmal nur für Wochen und Monate, die Schlüsselgewalt in unserm Hause hatten. Auch Margarete die Häßliche war darunter, Rosa die Mannstolle, die mit beharrlicher Zufälligkeit ihre Kammer sperrangelweit offen hatte, wenn sie sich wusch und kämmte, oder Johanna die Wahnsinnige, die halbnackt auf die Straße lief und gellend schrie, bis sie, aufregend genug für uns und die ganze Nachbarschaft, in Decken gewickelt wurde und fortgefahren ins Irrenhaus.

Die schöne Anni zählt nicht in diese Reihe; sie war die Stütze unserer Großmutter, die im gleichen Hause, dessen vierten Stock wir bezogen hatten, im Erdgeschoß wohnte, und zwar in der Küche und einem engen Hinterzimmer, da die vorderen Räume zu dem Altertümergeschäft des Großvaters gehörten. Die Mädchenkammer war ein winziges Verlies, dessen blindes Fensterchen auf den Hausflur hinausging. Die Dienstboten waren damals noch nicht verwöhnt, und die schöne Anni wird's erst recht nicht gewesen sein, denn sie war armer Leute Kind und kam aus einer Gegend, die wir in München Glasscherbenviertel nennen. Sie war siebzehn Jahre, hatte schwarzrote Haare und war ungewöhnlich hübsch. In ihre großen Hände und Füße mußte sie freilich erst noch hineinwachsen, wie die Großmutter scherzend sagte.

Als die schöne Anni zu uns kam, waren wir Buben gerade in den Flegeljahren: Mein Bruder etwa fünfzehn, ich vierzehn Jahre. Wir waren vor allem noch rechte Kinder, kaum von einer Ahnung des Ewig-Weiblichen berührt, und überdies kamen wir ja nur in den Ferien nach Hause, da wir eine

Klosterschule in einem nicht allzuweit entfernten Gebirgstal besuchten. Wahrscheinlich hatte uns die Mutter schon flüchtig geschrieben, daß bei den Großeltern eine neue, junge Magd eingetreten sei, und uns vielleicht auch ermahnt, uns anständig aufzuführen und keine Geschichten zu machen. Aber wir hatten andere Gedanken im Kopf, und als wir dann gegen Ostern zu Hause anrückten, kam uns das Mädchen als eine mächtige und holde Überraschung entgegen. Scheu und täppisch nahmen wir die kurze und bündige Vorstellung der Großmutter hin, und mein Bruder und ich sahen uns gewiß wie zwei junge Bären einander an, die unvermutet auf Honig gestoßen sind, von dem sie bisher nur vom Hörensagen vernommen haben.

Andere Buben unseres Alters mochten auch damals schon, in einer strengen Zeit, im Umgang mit Mädchen mehr Erfahrung gehabt haben als wir, die wir wie Waldschrate aufgewachsen waren, von Zufall und Absicht gleichermaßen allem Weiblichen ferngehalten. Die Kindergesellschaften der Heranwüchslinge waren uns fremd, wir besaßen keine Vettern und Basen, in deren munterem Kreis sich bei Ausflügen und Pfänderspielen so leicht jene süße Ahnung der Liebe, ja sogar das Feuer und die Qual früher Leidenschaft in die kindlichen Herzen schleicht. In unserer Klosterschule gab es gewisse Aufgeklärte, und hinterher, zehn, zwanzig Jahre später, ist mir manche dunkle Andeutung und mehr als ein Versuch, uns ins Vertrauen zu ziehen, klar geworden. Aber ein seltsames Geheimnis trennte die Wissenden von den Unwissenden, die gar bald, da sie die verfänglichsten Anspielungen nicht verstehen wollten, nicht mehr behelligt wurden, ohne daß das der übrigen Kameradschaft einen Abbruch getan hätte. Eine Schwester hatten wir wohl, aber sie war noch zu jung und kam, ihres kratzbürstigen Wesens halber, gar nicht in Betracht; und unter den Kindern des Hauses und der Nachbarschaft entsinne ich mich nur der häßlichen Ida aus dem ersten Stock, die rasch den wilden Spielen der ersten Zeit entwachsen war und die damals mit ihren sechzehn Jahren bereits altjüngferlich zu vertrocknen anfing.

Die schöne Anni war uns nun, da wir die erste Blödigkeit rasch überwunden hatten, ein willkommener Spielkamerad, wir scherzten mit ihr nicht anders als mit einer jungen Katze. Aus kleinen Plänkeleien wurden bald heftige Kämpfe; so setzten wir etwa unseren Ehrgeiz darein, die hocherhobenen Hände ineinander verschränkt, das flinke und kräftige Mädchen in die Knie zu zwingen, und es gab dann eine wunderliche Mischung von Zorn und Liebe, wenn Wange an Wange, Brust an Brust im keuchenden Getümmel sich streiften oder gar, wenn die Besiegte unter dem Sieger lag und wie eine Schlange sich wand und mit den Beinen stieß und strampelte. Wenn ich selber der Ringende war, so hatte ich wohl nichts im Sinn als eben den ritterlichen und ehrlichen Kampf; aber als Zuschauer, wenn ich das Gerixe und Gerankel meines Bruders verfolgte, bemächtigte sich meiner eine wilde und unbegreifliche Empfindung, von der ich erst heute weiß, daß es die bare Eifersucht gewesen sein muß. Und doch kam, so verfänglich die Lage oft war, in die wir gerieten, niemals ein tieferes Gefühl bis an die kindliche Oberfläche, der Abgrund, an dem wir hinscherzten, blieb mir verborgen und meinem Bruder gewiß auch; und das Mädchen, so willig und leidenschaftlich es sich unsern verwegenen Griffen hingab, mochte wohl dem Weibe in sich gehorchen und allen gefährlichen Lockungen, aber es war ein Kind wie wir, falterleicht gaukelte es in der warmen Sonne dieser Feiertage.

Es liegt mir fern, mich solcher Unschuld zu brüsten, denn, da wir alle der Sünde vorbehalten sind, wer will da wissen, wann er die Wunde empfangen soll, ohne daß er verdürbe an ihrem Gift. Aber es ist für mich, den Schreibenden, den schier Fünfzigjährigen, schwer, und es ist auch für den Lesenden nicht leicht, eine solche Unschuld sich vor Augen zu stellen; denn wir sind seitdem durch Feuer und Wasser gegangen und haben die Lust und den Schrecken des Geschlechterkampfes durchlebt, und keiner, der nun herüben steht, am fahlen Ufer des Alters, vermag es, vom Wissen ausgelöscht, noch glühend zu sagen, wie es drüben war, lang vor dem ersten Schritt in das Unabwendbare.

Damals jedenfalls, wenn wir es gar zu wild trieben, fuhr wohl die Großmutter scheltend dazwischen, wir sollten die Anni in Ruhe lassen, wir alten Weiberkittler; aber der Großvater hatte seine Freude daran und stachelte uns zu neuen Kämpfen an.

Die Osterferien gingen zu Ende, wir ließen die Anni, wie man ein Kätzchen, das man gequält hat und gestreichelt hat, achtlos wieder vom Schoß springen läßt, die Kameraden lockten und die Schule drohte, mit keiner Faser unseres Herzens dachten wir mehr an unsere Freundschaft oder an Mädchen überhaupt.

In den großen Ferien waren wir nur ein paar Tage in der Stadt, dann ging es aufs Land hinaus, ein unendlicher, glühender Sommer wollte durchlebt sein, Jäger und Fischer waren wir, sonst nichts, und wir zwei Buben begehrten nicht einmal eines dritten Kameraden, geschweige denn anderer Gesellschaft. Weißgekleidete Backfische waren uns ein Greuel, wir ließen sie Tennis spielen und Kahn fahren, das war nichts für uns Waldläufer und Floßbauer. Und dann kam der Herbst und die Schule ging wieder an und die schöne Anni hatten wir kaum gesehen in all der Zeit, und wir hätten es auch gewiß nicht bemerkt, wenn es vielleicht Absicht gewesen sein sollte, das hübsche Mädchen uns aus den Augen zu räumen.

Daß übrigens die Anni eine Magd war, gegen Lohn und

Essen meinen Großeltern zu dienen verpflichtet, das spielte in unserm Verhältnis keine Rolle; von frühester Kindheit an waren wir dazu angehalten worden, die Dienstboten jedem andern Menschen, der zum Hause gehörte, gleichzuachten, und daß wir aus eigner Machtvollkommenheit ihnen etwas hätten anschaffen dürfen, daran war nicht im Traum zu denken. So waren denn auch unsere Freund- und Feindschaften zu ihnen ehrlich und ohne unrechten Vorteil, und jene doppelte Moral, die so häßlich wie bequem ist, haben wir nie kennen oder gar gebrauchen gelernt. Wenn wir wirklich einmal hätten die jungen Herren herauskehren und eine unbillige Handreichung verlangen wollen, dann konnten wir des bittern Hohnes der Eltern oder der Großmutter gewiß sein, die erlauchten Prinzen möchten doch sich selbst bedienen, unsere Mägde seien das nicht, später einmal könnten wir anschaffen, aber hier im Hause nicht.

Als Gehilfin war die schöne Anni vor allem in der ersten Zeit brav und anstellig, wenn sie auch von den gewaltigen Kochkünsten der Großmutter nicht allzuviel begriff. Ein bißchen schlampig war sie wohl, und ihre Reinlichkeit konnte uns nicht als Muster gewiesen werden. Aber mit großer Freundlichkeit pflegte sie den Großvater, der damals bereits krank und ein ungeduldiger Mann war, und für die alten Leute war es schon etwas wert, ein so heiteres und gefälliges Wesen um sich zu haben.

Im Spätherbst starb dann der Großvater; wir wurden zum hochwürdigsten Herrn Abt gerufen, der uns die traurige Botschaft vermitteln sollte. Er war ein fast blinder, milder Greis und hatte die Gewohnheit, in jeden Satz, es mochte passen oder nicht, ein »Ja gut, ja schön« einzuflechten, und so sagte er auch uns Buben, wie gut und schön es sei, daß der Großvater tot sei. Zur Beerdigung, und das war wirklich gut und schön, durften wir nach Hause fahren. Und die schöne Anni weinte mit uns um den alten Mann, und was wir bei unsern wilden Spielen nie getan, das taten wir jetzt, wir küßten uns unter Tränen, und ich weiß, daß ich damals jenes süße Grauen spürte, ein Mädchen im Arm zu halten und das fremde Wogen der jungen Brust zu fühlen. Unsere Neckereien aber, begreiflicherweise, ließen wir in jenen Tagen, da Wehmut und Trauer das ganze Haus erfüllten.

Um so wilder gings dann zu Weihnachten her; der Anflug von Zärtlichkeit war zwar nicht ganz wieder gewichen, und es schlich sich manche Ungehörigkeit ein, wenn wir etwa die am Boden hockende Feueranzünderin überfielen oder die auf einen Stuhl Gestiegene, kaum daß die Großmutter nicht hersah, bei den Beinen packten und durchs Zimmer trugen, wobei es Ehrensache war, daß sie sich nicht durch Schreien verriet, so daß die wilden, keuchenden Balgereien durch ihre Lautlosigkeit etwas Dämonisches bekamen. Dann schlug mir wohl das Herz bis in den Hals herauf, eine süße, ungeahnte Lockung begann zu quellen, indes wir, das Mädchen oder ich, der aus dem Hintergrunde fragenden Großmutter eine unverfängliche, muntere Antwort gaben. Aber noch überwog das kindliche Spiel, und wenn mich etwa die Anni zur Abwehr in den Finger biß, dann tat das ehrlich weh, und es war keine Lust dabei, daß ich hätte sagen mögen, nur zu, je weher, desto besser.

Mit meinem Bruder habe ich nie über mein oder sein Verhältnis zur schönen Anni ein Wort gesprochen. Aber wir wußten beide, daß einer auf den andern aufpaßte wie ein Schießhund; wenn wirklich einmal jene gefährliche Spannung knisterte, die zu einem Kusse, zu einem frecheren Griff hätte führen können, dann tauchte gewiß der Nebenbuhler wie zufällig auf dem Kampfplatz auf, und verwirrt und errötend ließ der Zudringliche von dem Mädchen ab und trällerte davon, als ob es sich nur um einen flüchtigen Scherz gedreht hätte.

Wir waren wieder in unserem Kloster, wir lernten, schlecht genug, wir fuhren auf unsern Brettern durch den leuchtenden Winter, wir rangen, in vertrautestem Freundeskreise, mit Gott und allen Teufeln, denn es war die schreckliche Zeit, da der fromme Kinderglaube unter den ersten, wuchtigen Stößen des Zweifels wankt und bricht. Von der Anni, der wieder völlig vergessenen, hörten wir beiläufig aus einem Brief unserer Mutter, sie tue nicht mehr recht gut, sei hoffärtig geworden und gebe schnippische Antworten. Aber als wir dann zu Ostern, jetzt schon Sechzehn- und Fünfzehnjährige, heimkamen, schien alles wieder beigelegt.

Wir aber bemerkten, ohne uns freilich darüber Rechenschaft zu geben, warum, die Veränderung sofort: Sie wollte von uns nichts mehr wissen, sie stieß unsere Hände weg, höhnte unsere ekelhafte Herumtatscherei, schnitt uns heimlich Gesichter, und wenn wir, noch nicht begreifend, fester zupacken wollten, drohte sie, der Großmutter zu rufen, daß wir sie in Ruhe ließen. Dieser Verrat eines so langen und oft unter süßen Qualen erduldeten Geheimnisses erbitterte uns am meisten. Wir ließen dann von ihr ab, ratlos, was das zu bedeuten habe; denn wie hätten wir damals, wir, die wir Kinder geblieben waren, das Rechte treffen sollen, daß nämlich das Mädchen, das ins achtzehnte Jahr ging, inzwischen manch wilden Kuß geschmeckt hatte, mehr noch, daß es nicht mehr unschuldig war.

Manchmal aber auch, und für uns völlig unvermutet, ja schaudernd und beängstigend, drängte sie sich katzenhaft an uns heran und wollte geschunden sein. Sie ergriff plötzlich Partei für einen von uns, dem sie ihre Gunst anbot, um den andern dadurch zu reizen und zu demütigen, oder sie nannte uns verächtliche Traumichnichtse und zog uns an den Haaren dicht an ihren Mund.

Wer weiß, was aus solcher Verwirrung noch, und wohl

bald genug, geworden wäre, wenn nicht ein anderes, bedeutsameres Ereignis sich dazwischengestellt hätte. Schon seit geraumer Zeit mochte meine Mutter dies und jenes vermißt haben, ein Paar Strümpfe, eine Bluse, ein Schmuckstück. Aber leichtsinnig, wie sie selber war, nahm sie's nicht so genau, dachte, das wohl nur Verlegte werde sich wieder finden, bis eine noch so vorsichtige Bemerkung unsere Köchin, ich weiß nicht mehr, welche es war, in Harnisch brachte. Das wäre noch schöner, schimpfte sie, wenn eine ehrliche Haut wegen dem verzogenen Lausaffen, der schönen Anni, in den Verdacht käme, zu stehlen; und schnurstracks drang sie, an einem Samstagnachmittag war es und die Anni trieb sich in der Stadt herum, in die Kammer des Mädchens ein. Da war es nun freilich betrüblich, was ihre wütend grabenden Hände alles zum Vorschein brachten, Wäsche und Kleidungsstücke – und wer weiß, schrie sie, die Köchin, was das Mensch alles schon vertragen und anderswo versteckt habe.

Die Bestürzung war groß, denn die schöne Anni war wirklich wie ein Kind vom Haus gehalten worden. Die Köchin wollte sofort den Schutzmann holen, die Großmutter aber sagte, es wäre gelacht, wenn man mit so einem Bankerten nicht selber zurechtkomme; die Mutter schwankte, aber ihre heillose Angst vor der Polizei war der beste Bundesgenosse der kleinen Verbrecherin, und schließlich gab mein Vater den Ausschlag, der meinte, man sei selber nicht ganz ohne

Schuld, weil man auf das Kind, als das sie zweifellos zu der Großmutter gekommen sei, nicht besser aufgepaßt habe.

So wurde denn beschlossen, das ganze Diebesgut wieder in und unters Bett zu räumen, die Mutter des Mädchens für den andern Tag, einen Sonntagvormittag, herzubestellen und in ihrer Gegenwart die traurige Überführung der Diebin vorzunehmen. Man versprach sich gewiß große Dinge von dieser moralischen Handlung.

Natürlich merkte die Anni, als sie heimkam, an den verschlossenen Gesichtern und der schlecht gespielten Gleichgültigkeit, daß da irgendwas nicht stimmte, und den ersten unbeobachteten Augenblick nützte sie, um mich, der ich mich verlegen herumdrückte, zu fragen, was denn da los wäre. Ich war in einer schrecklichen Zwiespältigkeit, denn wie sollte ich als der erste ihr sagen, daß sie gestohlen habe. Zu meinem Glück trennte uns die dazwischenfahrende Mutter, die sich bei dieser Gelegenheit in düsteren Andeutungen erging, mit allen Heimlichkeiten zwischen uns werde ja jetzt auch Schluß gemacht und glücklich könne sich schätzen, wer ein reines Gewissen habe. Ich wurde rot bis in die Augen hinein unter ihrem forschenden Blick und wußte nicht, ob ich meine nicht ganz ehrliche Unschuld preisen oder ob ich nicht, gerade in diesem Augenblick, es glühend bereuen sollte, die dunkel geahnte Sünde, auf die sie anspielte, nicht begangen zu haben. Auch die Anni wandte sich beschämt ab.

Im weiteren Verlauf der verspäteten Einsicht, man könnte uns wohl zu fahrlässig mit dem jungen, hübschen und, wie sich ja jetzt leider herausstellte, grundverdorbenen Mädchen vertraut sein lassen, wurde ich übrigens, wenige Tage hernach, von meiner Mutter über die Gefahren weiblichen Umgangs aufgeklärt und erfuhr mit Schaudern, daß die Frucht solch schrecklichen, wenn auch vielleicht im ersten Augenblick verlockenden Tuns (was, wurde mir natürlich verschwiegen) ein unerwünschtes Kind oder eine häßliche Krankheit seien, häufig sogar beides zugleich; eine Offenbarung, die mich die Frau als das nächst der Klapperschlange giftigste Wesen fürchten lehrte und die mich für viele Jahre in die schrecklichsten Verzweiflungen warf.

Die feierliche Gerichtssitzung am andern Morgen, an der wir natürlich nicht teilnehmen durften, verfehlte ihre Wirkung völlig, denn die Mutter der Anni, eine dicke und gewöhnliche Person, soll, wie uns später erzählt worden ist, bei der Eröffnung, ihre Tochter habe gestohlen, erleichtert aufgeschnauft haben: Sie hätte schon gefürchtet, die Anni bekäme ein Kind von einem Herrn, der sich vom Zahlen drücken wolle; wegen dem bisserl Stehlen bringe sie weder sich um noch die Anni. Wahrscheinlich wußte sie es überhaupt längst und war die Hehlerin manches Stückes, das nicht mehr aufzufinden war.

Sie nahm das verweinte Mädchen, das noch frech gewesen

wäre, wenn man nicht doch wenigstens mit der Polizei gedroht hätte, gleich mit; als wir von einem Spaziergang, auf den man uns geschickt hatte, zurückkamen, war sie schon fort, und die ausgeräumte Kammer starrte uns dunkel und leer entgegen. Eine Weile ging das Gespräch noch um die schöne Anni, nicht ohne daß auch auf uns manche anzügliche Bemerkung abgefallen wäre. Dann kam der Alltag wieder zu seinem Recht, und schließlich zogen wir, zum letzten Mal, in unsere Klosterschule, und wie wir vordem die glückliche Anni vergaßen hatten, so vergaßen wir jetzt, über andern Freuden und Sorgen, die unglückliche Spielgefährtin – das ist genau um so viel zu wenig, als Jugendgeliebte zu viel wäre.

Nach den großen Ferien blieben wir in der Stadt; mein Bruder kam zu einem Buchhändler in die Lehre, und ich besuchte die letzten Klassen des Gymnasiums; ein schlechter Schüler, wie ich es war, hatte ich alle Mühe, mich über Wasser zu halten, auch fand ich den Anschluß an die neuen, großstädtischen Kameraden nur schwer und blieb so ein etwas hinterweltlerischer Einsiedler, zumal mir auch das Taschengeld fehlte, um es meinen beweglicheren Genossen gleichzutun. Von Zeit zu Zeit berichtete jemand, daß er von der schönen Anni was gehört habe oder ihr in der Stadt begegnet sei. Die Köchin wußte zu melden, daß sie in einer Konditorei Verkäuferin sei und großen Zulauf habe. Nach ein paar Wochen aber kam sie mit der auftrumpfenden Nachricht, daß man sie dort hinausgeschmissen habe und daß sie jetzt wohl bald dort lande, wo sie hingehöre, und nur der strenge Einspruch meines Vaters, er wünsche nicht, daß der weitere Lebenslauf dieses Fräuleins in unserer Gegenwart erörtert werde, mochte sie gehindert haben, zu sagen, was sie noch alles wußte. Natürlich fragten wir sie hinterher in der Küche, konnten aber mit ihrer Erklärung, daß sie halt auf den Strich gehe, damals nicht viel anfangen.

Eines Tages erzählte dann die Mutter, daß sie die Anni getroffen habe. Sie sei durch die Maximilianstraße gegangen, und auf einmal habe ihr von der anderen Seite eine ziemlich aufgedonnerte Dame fröhlich zugewunken und sei über die breite Straße auf sie zugesteuert und da sei es die Anni gewesen und habe sich nach allem erkundigt, wo wir jetzt wohnten, wie es den Buben und der Schwester gehe, mir nichts, dir nichts, als ob sie im besten Einvernehmen geschieden sei. Und sie, die Mutter, sei schon gerührt gewesen von so viel Anhänglichkeit, da habe sie auf der Bluse der Anni ihre goldene Uhr baumeln gesehen – man trug sie damals so, an die Brust gesteckt –. Und da habe sie ganz zornig gesagt, Sie freche Person, geben Sie gleich meine Uhr her, die Sie gestohlen haben! Und die Anni habe sehr liebenswürdig gelächelt, nein, gelacht habe sie überhaupt: Ja so, die Uhr, aber gern, und habe sie vom Kleid genestelt und sei ganz vergnügt und mit vielen Grüßen davongeschwänzelt. Übrigens müßte der Neid ihr lassen, sagte meine Mutter, daß sie vorzüglich ausgesehen habe und wirklich verdammt hübsch sei. Das gleiche bestätigte nicht viel später meine kleine, jetzt etwa zwölfjährige Schwester, die sich an staunendem Lob über die schöne Dame, die einmal bei uns war, aber damals war sie nicht so schön, kaum genug tun konnte, ein so wunderfeines Kleid habe sie angehabt und gerochen habe sie, genau so, wie es im Märchen von der Prinzessin stehe und wie sie einmal an dem Fläschchen hätte riechen dürfen. Und meine Schwester zeigte sich fest entschlossen, auch einmal so eine feine Dame zu werden.

Ich begriff nun freilich, um was es da ging, und begriff es auch wieder nicht, meinen siebzehn Jahren zum Trotz. Ich hatte in meinem Schiller schon früh genug jenes aufregende H…, mit den Pünktchen dahinter, entdeckt und von einem Mitschüler die verwegene Erklärung bekommen, das seien Frauen, die das freiwillig tun, was unsere Eltern tun müßten; recht viel weiter war ich noch nicht gekommen, es blieb ein düsteres Geheimnis, das in meiner Phantasie die kühnsten Gestalten annahm, freilich nur Schemen der schweifendsten Art, die hinter jeder Wirklichkeit ebensoweit zurückblieben, wie sie ihr vorauseilten.

Der alternde Mann, der jetzt versucht, die Tür der Erinnerung aufzumachen, kann gar nicht leise und vorsichtig genug eintreten wollen in das Zimmer seiner Jugend. Denn unversehens drängen die groben Begierden und Enttäuschungen später Jahre mit hinein und verstellen die Wahrheit. Der nachträgliche, wilde Wunsch, ja selbst die plumpe Reue, diese erste Gelegenheit, wie ach so viele noch, versäumt zu haben, fälschen das Bild, die zerblätternde Rose vermag den Traum der Knospe nicht mehr zu träumen.

Gewiß gab es damals in unserer Klasse schon genug junge Männer mit Schnurrbärten und prahlerischen Ansichten über die Weiber, aber, wie sehr auch sie noch unschuldige Aufschneider gewesen sein mochten, ich zählte nicht zu ihnen, keines Abenteuers, keiner Verliebtheit hätte ich mich zu rühmen gewußt, und Jahre sollten noch vergehen, ehe der erste Kuß meine mehr schaudernden als beseligten Lippen traf. Und doch war es ein schwerer, auswegloser Aufruhr, der mein Herz in Qualen hin- und herwarf.

Ich möchte jene Jahre, die leichthin die goldene Jugendzeit genannt werden, nicht ein zweites Mal durchleben müssen. Noch rang in mir einfältiger Glaube mit den Teufeln bestürzender Erkenntnisse, es wankte mein Himmel und meine Erde; denn als der schlechteste Schüler der Klasse, aber im Bewußtsein meines überlegenen Verstandes und im Besitz weitester, freilich in der Schule kaum verwertbarer Kenntnisse kämpfte ich einen schlimmen, demütigenden Kampf voller schrecklicher, mein empfindliches und ehrgeiziges Herz tödlich treffender Niederlagen und mehr als einmal war ich entschlossen, mich aus diesem Leben davonzumachen.

In solch finsterer Verfassung war ich, als ich, an einem klaren Vorfrühlingstage, unvermutet die schöne Anni traf. Sie ging lachend und unbekümmert auf mich zu, während ich, wie vom Blitz gespalten, nicht wußte, wie ich mich zu ihr stellen sollte. Die Kameradin der Kindheit, die fortgejagte Diebin, das verworfene Wesen: was sollte ich in ihr sehen? Von einer Dirne, einem Straßenmädchen, hatte ich die aberwitzigste Vorstellung. Um Gotteswillen, dachte ich, was wird sie zu dir sagen, ja, was wird sie an Ort und Stelle mit dir anfangen wollen? Ich war daher auf das angenehmste überrascht, als sie mich fragte, wie es mir ginge, bekümmert feststellte, daß ich blaß aussehe und daß das Studieren sicher recht schwer sei. Auch nach den Eltern und Geschwistern sowie der inzwischen verstorbenen Großmutter erkundigte sie sich mit wirklich herzlicher Neugier, und mit unbefangener Heiterkeit begann sie zu plaudern. Ich beruhigte mich, als ich sah, daß sie ein so verruchtes Wesen, wie ich mir's vorgestellt hatte, nicht gut sein konnte, und da ich mehr und mehr die schöne Anni von früher in ihr spürte, nahm ich mir wenigstens ein Herz, ihr Rede und Antwort zu stehen und sie auch verstohlen anzuschauen, während wir ein Stückchen die Straße entlanggingen.

Sie war jetzt wirklich schön, das volle, schwarzrote Haar

stand um ihr feines, blasses Gesicht, darin, soviel ich verstand, nur der Mund zu grell leuchtete; ein hübsches Seidenkleid zeigte ihre blühende Gestalt, um die Schultern trug sie einen Fuchspelz, einen verwegenen Hut hatte sie auf dem Kopf. Aber im ganzen schien sie mir nicht aufdringlich angezogen, die einst zu großen Hände waren wohl seither kleiner geworden, sie staken in feinen Handschuhen. Sie war voll lachenden Lebens, und die graue Angst, die ich zuerst empfunden hatte, bekam immer glühendere und üppigere Farben: Angst war es noch immer, was mir die Brust mit heißen und kalten Strömen durchzog, aber nun war es eine zärtliche Furcht und ein holdes Grausen, von dem ich wünschte, es möchte nie mehr aufhören, während ich zugleich mit Entsetzen spürte, daß es mich brausend einem Abgrund entgegentrieb. Ich sah, ich erlebte zum erstenmal das Weib.

Und wer weiß, warum auch sie jetzt anfing, mich gerade an die wildesten und verfänglichsten Spiele zu erinnern, ob ich's noch wüßte, wie ich sie gekitzelt hätte damals im dunklen Alkoven, und sie habe doch nicht lachen und schreien dürfen, weil es sonst die Großmutter gehört hätte; oder wie wir über die Hinterhofmauer in den düsteren, verwunschenen Garten des Grafen Ruffini steigen wollten und wie sie mit dem Rock hängengeblieben sei und der alte, weißbärtige Kerl so unverschämt gelacht habe. Da war es, als ob nachträglich noch jene Faxen und Schäkereien ihre Unschuld verlören und jetzt war ich es, so steif und feige ich auch neben ihr herschritt, der in einer ungewissen Begierde sie ansah, diese weichen Formen und das fremde Wogen ihres Leibes. Und doch hätte ich nicht zu sagen gewußt, was ich eigentlich von ihr wollte und was mir so wunderlich im Herzen grub.

Es kann wohl sein, daß die schöne Anni abgefeimt genug war, mit schlau berechneten Worten mir das Blut sieden zu machen; vielleicht war es auch ein natürliches, ja kindliches Sich-Erinnern, für sie am Ende schon schmerzlich, da sie ja schon drüben stand in der wilden und gefährlichen Welt der Wissenden. Jedenfalls brach sie im entscheidenden Augenblick das Gespräch ab und verabschiedete sich rasch, indem sie mir, über und über rot werdend, ein Kärtchen, das sie aus ihrem Muff nahm, in die Hand drückte, ich möchte doch einmal, wenn ich Zeit hätte, bei ihr vorbeischauen. Und schon ging sie davon, ohne sich umzusehen.

Ich besah die winzige Karte mit der zierlichen, mit der höllisch gefährlichen Schrift, ein Name, eine Straße, eine Hausnummer, bei Frau Wolfsgruber stand darauf und bitte, zweimal läuten ... Ich war stolz und kühn; schau einmal an, dachte ich, so leicht ist es, eine Damenbekanntschaft zu machen – ich war glühend rot, die Sünde erhob ihr zischendes Schlangenhaupt, die schrecklichen Ausgeburten einer unklaren Verstiegenheit suchten mich heim, ich schwitzte vor

Angst, Feenträume und Teufelsgesichter tanzten einen tollen Reigen in mir, ganz verwirrt ging ich heim, einen sausenden, saugenden Zwang in der Brust; ich sagte niemandem, auch dem sonst so vertrauten Bruder nicht, etwas von der aufregenden Begegnung und das Kärtchen versteckte ich hintereinander an hundert Orten, bis es mir, an den Ecken beschnitten, zwischen den Deckeln meiner Firmungsuhr am sichersten erschien.

Gebraucht hätte ich es längst nicht mehr, in Flammenzügen war die Anschrift in mich eingegraben. Bald war ich fest entschlossen, hinzugehen, natürlich nur so, aus Neugier und warum nicht, wie ich mir einredete, bald war ich mit Schaudern davon überzeugt, daß ich nie den Mut aufbringen würde, auch nur die Straße zu betreten, in der die, ach so holde, Unholdin hauste.

Gerade damals galt es, wenige Tage darauf, eine lateinische Schulaufgabe zu bestehen; sicherem Vermuten nach sollten wir eine Ode des Horaz ins Deutsche übertragen; und für die Osternote, ja für das Jahreszeugnis war das Ergebnis dieser Arbeit schlechthin entscheidend. Ich besaß selbstverständlich, wie alle Schüler, eine Ausgabe der Übersetzungen und, da es diesmal ums Ganze ging, war ich bereit, den Sieg auch durch Unterschleif zu erringen. Das Spicken war aber in den Oberklassen eine gefährliche Sache; wurde einer darauf betreten, dann war, besonders in einer heiklen Lage wie in der meinigen, sein schimpflicher Untergang so gut wie besiegelt.

Des ungeachtet faßte ich den verzweifelten Entschluß, alles auf eine Karte zu setzen – und weiß Gott, diese Karte hatte ihr Sinnbild in dem schrecklichen Stückchen Papier, das ich unterm Uhrdeckel verbarg! Wurde ich beim Abschreiben ertappt, nun, dann sollte das Unheil seinen Lauf nehmen, dann war alles verspielt, ich würde die schöne Anni besuchen, ich würde ihr, um welchen Preis auch immer, das düster glühende Geheimnis entreißen und Tod und Verderben mochten dann das Ende sein.

Wenn mich aber der liebe Gott – und ich war vermessen genug, ihm diesen Handel anzubieten, unbeschadet der Beleidigungen, die ich ihm gerade damals aus dem Aufruhr meiner zerrissenen Brust zuschleuderte – ja, wenn mich der liebe Gott retten wollte, dann bot ich ihm den Preis: nie zu dem Mädchen zu gehen, nie auch nur zu versuchen, ihr zu begegnen.

Der verhängnisvolle Tag kam; der Lehrer ließ die Blätter austeilen, nannte Überschrift und Seitenzahl der Ode, die wir übersetzen sollten. Mit funkelnden Gläsern, die auf jeden einzelnen gerichtet schienen, überwachte er das Aufschlagen des lateinischen Textes. Ich aber nahm, so heftig mir die Hände auch zittern wollten, meine Schwarte herauf, riß das entsprechende Blatt heraus und legte es in die Horazausgabe. Der Spieß ging, nein, er sprang behende und tückisch an den Bänken entlang, schüttelte hier ein Buch, ob nicht ein Spickzettel herausfalle, prüfte dort den Text, ob er nicht Zeichen trüge, und forderte alsbald meinen Nachbarn Koppenwallner mit kalt verachtender Stimme auf, seine Bemühungen einzustellen, wobei er drohend die gefundene Eselsbrücke schwang, daß seine Röllchen klirrten.

Mir schlug das Herz bis zum Halse; aber zum Äußersten entschlossen, saß ich bleich und stöhnend über meinem Text, und so hoffnungslos war mein Blick auf den Professor gerichtet, daß der sonst so mißtrauische Mann mich, beinahe gütig, mahnte, ich möge die Nerven nicht verlieren, da sonst alles verloren sei. Ich bekam denn auch eine so gute Note, wie ich seit Jahren auf meinen rot durchackerten Blättern keine mehr hatte besichtigen können, und war damit, da Latein meine Hauptgefahr gewesen war, für diesmal sicher, das Klassenziel zu erreichen. Und da unsere Lehrer im Grunde gutmütige Burschen waren, die es selber nicht gerne sahen, wenn in den oberen Klassen noch einer durchfiel, so fehlte es mir plötzlich nicht an allerlei Ermunterungen und kleinen Hilfestellungen.

Mein Versprechen aber hatte ich gleich nach der gewonnenen Schlacht wahr gemacht. Und als ob es keine bessere Gewähr für die Vernichtung des Dämons gäbe, der mich versucht hatte, zerbiß ich, in einer wunderlichen Aufwallung, die winzige Karte und verschluckte sie, in der Nacht, tief und schaudernd in mein Bett vergraben.

Von der schönen Anni hörte ich und hörten wir alle nichts mehr. Ich bestand, ein Jahr später, kläglich genug, die Reifeprüfung, ich zog als Freiwilliger ins Feld, und ich war als Schwerverwundeter schon wieder zu Hause, da besuchte eines Tages ein alter, weißbärtiger Geheimrat meinen Vater. Wir kannten den vornehmen Mann vom Sehen und wunderten uns, was ihn bewegen mochte, die vier Treppen heraufzukeuchen und uns eine so förmliche Aufwartung zu machen. Er komme, sagte er ohne Umschweife, wegen seiner Schwiegertochter; sein Sohn habe sich dieser Tage, vor dem Ausmarsch, kriegstrauen lassen, und zwar mit einer Nichte von uns, der Anni. Sie hänge so sehr an uns, erzähle auch immer von allen, aber es müsse wohl eine dumme Geschichte im Spiele sein, daß wir ihr böse seien und sie selber traue sich nicht mehr her und auch er bitte, seinen Besuch, der eigentlich mehr ein Versuch sei, nicht übel aufzufassen. Er habe doch meine Eltern immer als umgängliche Leute kennengelernt, und da habe er sich ein Herz gefaßt und frage nun frisch von der Leber weg, ob sich die Mißhelligkeit denn nicht, im Krieg jetzt gar, aus der Welt schaffen ließe.

Meine Eltern fielen von einem Erstaunen ins andre, sie wußten nicht, ob sie empört sein sollten oder hellauf lachen, aber beides verbot ja die Rücksicht auf den würdigen und gutgläubigen alten Mann und so brachten sie es ihm schonend bei, daß die schöne Anni nur das Mädchen gewesen sei bei der Großmutter und freilich gehalten wie das Kind vom Haus. Von dem Diebstahl aber und dem, was sie vom weiteren Lebenslauf der schönen Anni erfahren hatten, sagten sie nichts. Der Geheimrat, so heftig er an dem ungeheuren Brocken würgen mochte, der ihm da unvermutet vorgesetzt wurde, bewältigte ihn doch mit Fassung, bat meine Eltern, nichts für ungut zu nehmen und ging; vielleicht hatte er jetzt zu der halben Wahrheit, die er schon wußte, die andere Hälfte erfahren, und die ganze war schwer genug für ihn zu tragen. Er ist aber wohl klug gewesen und hat zu Hause nichts erzählt von seinem Versöhnungsversuch; und da sein Sohn die schöne Anni, mag er sie kennengelernt haben, wo und wie er will, aufrichtig liebte, wurde noch alles zum Besten gewendet. Ich sah sie übrigens, gegen Ende des Krieges, noch einmal unter den Ehrendamen eines großen Wohltätigkeitsfestes; und jetzt war ich, ein kleiner, verwundeter Gefreiter, zu schüchtern, sie anzusprechen. Sie war geschmackvoll gekleidet, von einer selbstverständlichen Sicherheit und unterschied sich von den übrigen Frauen nicht, es sei denn durch ihre alle andern überstrahlende Schönheit.

Sie soll ihren Mann bald darauf verloren haben und, reich und gesellschaftsfähig, wie sie nun war, in Berlin eine noch glänzendere Ehe eingegangen sein. Warum auch nicht? Wenn nicht die Mägde von gestern die Herrinnen von morgen würden, wie sollte dann der Wechsel Bestand haben auf dieser wunderlichen Welt!

Ich selber aber habe erst, nachdem mich der Krieg auf seine gewalttätige Art zum Manne gemacht hatte, mein erstes wirkliches Erlebnis mit einer Frau gehabt und ich habe mich noch ungeschickt genug dabei angestellt. Damals, in den süßen und wilden Schauern der Liebe, fühlte ich es erst, wie nah und wie unendlich fern zugleich ich dem Geheimnis gewesen war, das mich unschuldig und zauberisch umspielt hatte in der Gestalt der schönen Anni.

Der Fischkasten

Zur Einweihung der neuen Innbrücke war auch der Regierungsrat Gregor Hauenstein von seiner Dienststelle beordert worden. Er war ein gebürtiger Münchner, aber seit vielen Jahren in Berlin beamtet; so freute er sich doppelt des Auftrages, der ihn, mitten im Juli, für zwei Tage in die alte kleine Stadt führte, an die ihn so manche Erinnerung seiner Knabenzeit knüpfte.

Lange nicht mehr hatte er sich so jung und vergnügt gefühlt wie an diesem Sommermorgen, als er in Rosenheim den Schnellzug verließ. Im Angesicht der Berge spazierte er auf dem Bahnsteig hin und her wie ein Rabe im schwarzen Rock, die Schachtel mit dem hohen Hut schlenkernd an einem Finger, belustigt über seine eigene Würde, die es freilich erst morgen voll zu entfalten galt, beim festlichen Marsch über die neue Brücke, unter Fahnen und Ehrenjungfrauen.

Warum er den Hut so herumtrug, wußte er selber nicht. Er hätte ihn bequemer zu dem kleinen Koffer gestellt, den er schon in dem altväterischen, grünsamtverschossenen Abteil zweiter Klasse untergebracht hatte, in dem er, nach einer halben Stunde Aufenthalt, die Fahrt fortsetzen würde.

Der Regierungsrat, seit dem Verlassen des D-Zuges wie um ein Menschenalter zurückverzaubert, war in wunderlichster Stimmung. Es gelang ihm heute nicht, sich und seine Sendung ernst zu nehmen, er spöttelte wider sich selbst, er stellte, endlich, die Schachtel mit dem Zylinderhut in das Gepäcknetz, turnte wie ein Schulbub am Wagen herum, bekam schwarze Finger und wusch sie sich am Brunnen.

Er ging wieder auf und ab, schaute über die Gleise auf den Wendelstein, der leichter und leichter ward im blaugolden steigenden Tag, sah auch in die sommergrüne, warm werdende Straße hinaus, die zum Bahnhof führte, und erinnerte sich, daß er, vor fünfundzwanzig Jahren wohl – oder war es noch länger her? – als Bub mit dem Radl da angesaust war, abgehetzt von drei Stunden verzweifelten Tretens, und doch um einen Augenblick zu spät, denn der Frühzug fuhr gerade an, ihm vor der Nase weg.

Ja, vor der Nase weg, und viele Anschlüsse hatte er versäumt seitdem, und wohl wichtigere, aber vielleicht war ein versäumtes Leben, aus den Sternen gesehen, nicht schlimmer als ein Zug; und sein Leben hatte er ja nicht versäumt, durchaus nicht, er hatte auch Anschlüsse erreicht, mühelos und pünktlich. Und nächstes Jahr wurde er wohl Oberregierungsrat.

Der Reisende kam unversehens dazu, darüber nachzudenken, wie es ihm denn gegangen sei in diesen fünfundzwanzig Jahren, die zusammen mit den fünfzehn, die er damals alt war, gerade vierzig machten, ein schönes Alter, in dem das Leben erst anfange, wie es jetzt so gerne gepredigt wurde.

Nein, dieser Ansicht war der Reisende durchaus nicht. Er hielt es mit der bedächtigeren Weisheit, daß ein Mann mit vierzig Jahren wissen müsse, wo er sterben wolle. Sterben, das war nicht so gemeint, daß er sich nun gleich hinlegen müßte, nein, gewiß nicht; aber den Platz aussuchen, das sollte einer, wenn er nicht ein heimatloser Glücksjäger war, den Rastplatz, von dem aus ein Blick erlaubt war auf das wirkliche Leben und auf den wirklichen Tod.

Jeder Dorfschreiner hier unten hat ihn und jeder Bahnwärter, dachte er, und er träumte sich fort von dem ruhelosen Schattenleben der großen Stadt; ein Jäger und Fischer hatte er werden wollen, wie er ein Bub war, und ein Aktenstaubschlucker in Berlin war er geworden.

Noch einmal über seine Jahre hinschweifend, kam der Mann zu dem Ergebnis, daß es ihm, was das äußere Dasein anbelangte, schlecht und recht ergangen sei. Doch vermochte er sich selbst über sein eigenes, tieferes Leben wenig zu sagen; er mußte bekennen, daß er den gültigen Standpunkt verloren oder noch nicht gefunden hatte, und daß er nicht wußte, was wohl überhaupt zu fordern und zu erwarten war.

Wenn es nichts mehr gab, wenn wirklich alles ausgeschöpft war, dann jedenfalls hatte er genug. Dann hatte er die Schicht durchmessen, innerhalb derer zu atmen erlaubt war; und weiter vorzudringen, hinauf oder hinab, hinaus oder hinein, war ein tödliches Wagnis. Denn an ein Ziel oder nach Hause würde er doch niemals kommen.

Der Regierungsrat, immer noch hin und her gehend, wurde es müde, Fragen zu stellen, auf die noch niemand je eine Antwort erhalten. Ihm fiel das alte Wort ein, daß die Gescheitheit lebensgefährlich sei, weil man verdorre an ihr, und daß einer, der sich feucht und frisch erhalten wolle, von Zeit zu Zeit in die tiefsten Brunnen seiner Dummheiten fallen müsse. Brunnen wohl, dachte er weiter, aber in den reißenden Strom? Und er entsann sich der vielen Altersgenossen, die in den Wirbeln wild strudelnder Jahre versunken waren. Und wer weiß, wohin noch alles treibt. Vielleicht würde auch er noch einmal, sowenig ihn danach verlangte, beweisen müssen, ob er schwimmen könne.

Endlich polterte die Maschine an. Ein paar Leute waren noch zugestiegen, lauter Bauern und Händler; niemand mehr kam in das Abteil zweiter Klasse. Der Zug fuhr auf dem gleißenden Schienenstrang in die Landschaft hinaus, die nun schon weiß war vor Hitze. Die Berge wurden dunstig, nahe grelle Bauerngärten, wehende reifende Felder, gelb und schwer, dazwischen die graugrünen, moosbraunen Streifen

Gebüsches, die den Fluß säumten, der mit schnellen, hellen Blitzen unter der zitternden Sommerluft hinschoß. Nadelspitze Kirchtürme, wie Minaretts, standen auf der jenseitigen Höhe, die warm im Walde wogte. Das war vertrautes Land; das mußte Griesing sein da oben. Und jetzt rollte der Zug schon in die letzte Biegung, seidiger Flatterwind umbrauste den spähend hinausgebogenen Kopf, dann war der Bahnhof von Oberstadt zu sehen und das Städtchen selbst, flußabwärts auf der Höhe. Der Zug hielt, niemand stieg aus als der Regierungsrat Gregor Hauenstein; niemand empfing ihn: der rotbemützte Vorstand gab gleichmütig das Zeichen zur Weiterfahrt.

Es war noch nicht Mittag. Der Regierungsrat überlegte, im prallen Licht des öden Platzes stehend, daß nicht nur der Weg in das Städtchen hinauf heiß und staubig sein müßte, sondern daß es auch unklug wäre, sich jetzt schon den ehrenfesten Männern auszuliefern, die ihm mit allerlei Bitten und Beschwerden auf den Leib rücken würden, da ja ein Vertreter der höchsten Amtsstelle nicht alle Tage zu ihnen kam. Er blieb also unten, fand den Wirtsgarten des Gasthofs »Zur Eisenbahn« erträglich, aß, und nicht ohne wehmütigen Humor, das klassische bayerische Gericht, ein Kalbsnierenstück mit Kartoffelsalat, und trank, im Schatten der Kastanien, ein Glas hellen Bieres.

Er gedachte eine Wanderung zu machen und ließ sich von

der Kellnerin erzählen, daß ein Stück flußaufwärts eine Fähre sei. Dort könne man übersetzen, finde drüben ein Wirtshaus und hundert Schritte weiter oben ein Kloster mit einer schönen Barockkirche. Von da aus führe ein Sträßchen über die jenseitigen Höhen wieder stromab, dergestalt, daß man bei der neuen Brücke drunten wieder an den Fluß komme. Sie selber sei da drüben noch nicht gewesen, aber die Leute sagten, es wäre ein lohnender Weg.

Der Regierungsrat machte sich auf und ging zuerst über die flirrenden, grillenschrillen Felder und Wiesen. Sein Gepäck hatte er einem Jungen gegeben, der es in den »Goldenen Krebs« hinaufbringen sollte, wo ein Zimmer bereitgestellt war. Er konnte also ausbleiben bis in den späten Abend, und das wollte er auch. Ärgerlich war nur, daß er so gar nicht aufs Wandern und Herumstreunen eingerichtet war, im schwarzen, bis an die Kniekehlen reichenden Rock, wie der Herr Pfarrer selber mußte er aussehen; und heiß war es ihm, der Schweiß brach ihm aus, und das Glas Bier hatte ihn schläfrig gemacht. So schritt er unterm Feuerblick der Sonne hin.

Er überquerte das Bahngleis, das schnurgerade von Süden heraufkam, den Damm, von Schabenkraut und Natternkopf dicht bewuchert. In einen Abzugsgraben sprangen viele Frösche, einer nach dem andern, so wie er das Wiesenweglein entlangging. Das war ein schöner, wahrer Bauernsommer, echter als da drüben im Gebirge, wo es kein Querfeldein mehr gab, sondern nur noch Straßen, Zäune, Gaststätten und Verbotstafeln.

Er kam wieder auf ein zerfahrenes Sträßlein, blau von Wegewarten. Eichen standen mächtig im Feld, im kräftigen, tausendblumigen, gräserstarren, lichtgekämmten, glühenden Feld. Und dann hörten die süßen Wiesen auf und es begannen die sauern, mit Bärenklau und Disteln und Weiderich; und schilfige Gräben zogen herein.

Sand war jetzt überall auf den Wegen, ganz feiner Sand; es roch nach Verfall und fischigem Moder. Die Auenwälder, die von weither im leichten Triller der Pappeln und Weiden weißgrün und bläulich geblitzt hatten, taten sich mit dumpfer schwärzlicher Schwüle auf, Erlen standen an finsteren Sumpflöchern, Brombeersträucher überwucherten den Sand, Minze wuchs in wilden Büscheln, Nesseln und Schierling waren da und viel Gestrüpp und Gewächs, das er nicht kannte.

Das Dickicht, von Waldreben geschnürt und übersponnen, ließ nur den schmalen Pfad im Sand, geil drängte von überallher das schießende, tastende, greifende Strauchwerk, von Lichtern durchschossen, von fremden Vögeln durchschwirrt. War diese Wildnis noch Heimat? Ja, sie war es und war es doch wieder nicht, tropisch schien sie dem erhitzten Mann, der im schwarzen Gewand, gebückt, von Dornen gepeitscht, durch diesen kochenden, brodelnden, klirrenden Dschungel dahintrabte. Gestürzte Bäume verwesen in schwarzen Strünken, Morast, trügerisch und übergrünt, vergor altes Laub, nirgends war eine Stelle, um zu rasten. Ameisen krochen eilig über den Sand, Käfer kletterten im Gras, das Wasser bewegte sich von Egeln und Larven, Läufer ritzten die dunkle Fläche. Und die Schnaken, heransingend, stachen gefräßig dreist, in Wolken stoben die Mücken auf, schillernde Fliegen brausten flüchtend vom Aas.

Es war ein unsinniger Plan, in der vollen Hitze eines Julimittags hier einzudringen in das verruchte Gehölz, ein höllisches Vergnügen, mit steifem Kragen und im Bratenrock eine afrikanische Forschungsreise zu unternehmen. Aber nun mußte doch bald der Fluß kommen!

Der Weg stieß jedoch wieder tiefer in den Busch. Dann erst kam ein Altwasser, still, schwarz, schweigend, mit steilen Böschungen. Der Stand war niedrig, lange hatte es nicht geregnet, auf dem Sand war die Höhe der letzten Flut in einem Ring von Schlamm und Schwemmgut abgezeichnet. Der Regierungsrat war, sobald er des dunklen Spiegels ansichtig geworden, wie verwandelt. Die unterste Gewalt des Menschen hob sich empor. So wie er da hinstrich, das morsche Ufer entlang, im lächerlichsten Aufzug, war er ein Wilder, spähend, beutegierig, aufgeregt von der Leidenschaft: hier mußten Fische stehen! Gleich würde er einen Hecht erblicken, steif lauernd, unbewegt, das Raubtiergebiß vorgeschoben, mit leichten Flossen tückisch spielend – und dann würde der davonjagen, ein grüngoldner Blitz, ins schwankend fette Kraut.

Der wunderlich verzauberte Mann lief, sich eine Gerte zu schneiden; was, Gerte, einen Speer, eine Waffe wollte er haben, blinkend sollte die ins Wasser fahren, den Hecht zu treffen, und wär's nur, daß eine Schuppe sich silbern löste zum Zeichen des Siegs. Und er schnitt, nach langem Suchen, einen schlanken jungen Eschenstamm aus dem Unterholz, einen kühlgrauen, kerzengeraden.

Es stand aber kein Hecht da, und dort stand auch keiner, nirgends war die Spur eines Fisches zu entdecken. Und als der Lüsterne sich über das von Erlen bestandene Ufer beugte, ob unterm Wurzelwerk nicht stachlige, dunkelrückige Barsche auf- und niedersteigen wollten in den Gumpen, da wäre ihm ums Haar die Brieftasche entglitten. Waldläufer und Fischer, dachte er, noch den Schrecken im klopfenden Herzen, hatten keine Ausweispapiere und Geldscheine in der Tasche, sonst wäre auch ihnen die Tunke teurer zu stehen gekommen als der Fisch.

Indes kam aber ein leise zischendes Rauschen immer näher, und unversehens stand der Pfadfinder am Strom, der weiß herschoß, milchtrübe, denn in fernen Bergen hatte es wohl geregnet, und das Wasser ging hoch.

Der Inn war an diesem Ufer eingebaut in mächtige Blöcke,

daran der Fluß seine Flanken rieb. Vom Grunde her scholl ein geheimnisvolles Klirren und Klimpern, der Kies zog mit im Geschiebe, und oft schien von unsichtbaren Stößen und Schlägen das Wasser zu bersten, und es blühten dann seltsame, mit Kraft geladene Wolken von Schlamm auf in der klaren Flut.

Zwei Fischreiher duckten sich, mit schweren Schwingen aufzufliegen. Der Anblick der schönen, mächtigen Vögel machte das Herz des Mannes jubeln. Engel, dachte er, mit ihren Fittichen zur Sonne steigend, könnten keines glückhafteren Paradieses Boten sein. Denn dies, in diesem Augenblick, war ihm Begegnung mit der Freiheit.

Gregor Hauenstein zog sich rasch aus, es war ihm, als bedürfe es nur dieses Kleiderablegens, um einzutreten in den Zauberkreis. Und wirklich stand er eine Weile nun nackt, von Lüften leicht berührt, von der Sonne kräftig getroffen, in der gläubigen Seligkeit, drinnen zu sein, einverstanden mit der Natur.

Aber es wurde rasch deutlich, daß er kein nackter Mann war, sondern doch nur ein ausgezogener Beamter, der auf dem rauhen Steingrund kaum zu gehen vermochte und der bei dem Versuch, ins Altwasser zu kommen, auf den erbitterten Widerstand dieser herrlichen Natur stieß. Was Sand geschienen hatte, war knietiefer Morast, von dornigem Strauchwerk und krummfingrigem Geäst tückisch durchsetzt, so daß er, nach wenigen schmatzenden und gurgelnden Schritten, sich zur Umkehr gezwungen sah. Auch fielen, sobald er die frische Brise am freien Strom verlassen, die Mükken und Bremsen mit schamloser Begierde über ihn her. In den reißenden Inn aber wollte er sich nicht hinauswagen, und schließlich begnügte er sich, an einen Pfosten geklammert, sich von den kalten, weißgrünen Wellen bespülen zu lassen.

Dann setzte er sich auf eine Steinplatte und gedachte, noch lange zu ruhen und zu rauchen; alte Knabensehnsucht gaukelte ihm Wigwam und Friedenspfeife vor, Lagerfeuer und Indianerspiele im Busch; und die Squaw? erinnerte er sich mit leisem Lächeln, und es kam ihm in den Sinn, wie wenig Glück er bei Frauen gehabt hatte. Er war Junggeselle geblieben, ohne viel Bitterkeit, aber auch ohne viel Kraft zum Abenteuer; nicht so sehr frei, als vielmehr preisgegeben, hatte er gewartet, ohne etwas zu erwarten. Wartete er eigentlich noch? Die Unrast, die den Einzelgänger immer befiel, sobald er zu lang untätig mit sich allein war, trieb ihn auch jetzt wieder fort. Er schlüpfte in sein Gewand; nur den Kragen und den Schlips trug er nun in der Tasche. Seine Lanze aber wollte er nicht missen.

Näher, als er hatte vermuten können, durch eine leichte Krümmung des Stromes verstellt, lag die Fähre vor ihm. Welch ein abenteuerliches Gebilde, urtümlich, eine vorweltliche, glückhafte Erfindung des Menschen – und doch aller

Sünde Anfang, wie er zugeben mußte. Denn der Weg von ihr zu den kühnen und doch so verderblichen Bauten unserer Tage war nur ein kurzer und folgerichtiger, dem gleichen Willen entsprungen, die Freiheit der Natur zu knechten.

Hoch im Geäst einer einsam ragenden, zornigen Silberpappel war das Seil verschlungen, das hinüberlief zum andern Ufer, wo es in der Steilböschung verankert war. Bis an die heftige Strömung des Rinnsals aber führte ein hochgestelzter, nur aus schwanken Stangen geknüppelter Steg, der mit einem Leiterchen endete, das zu einem Ländefloß hinabstieg, an dem die Fähre selbst anlegte. Drüben trat ein gebückter Mann aus einem Hüttchen, grauhaarig, bärtig, schaute herüber und nickte. Er nahm eine lange Stange von der Wand und ging zum Fluß hinunter. Der Wartende sah ihn in den Kahn steigen, doch erschien im gleichen Augenblick drüben ein buntes Mädchen und rief und winkte, daß der Fährmann warten solle. Der machte dann auch mit seinen langen, krummen Armen ungemein lebhafte Bewegungen, die alles andeuteten, was zu fragen und zu denken war: Entschuldigung heischend, zur Eile antreibend zugleich.

Dann war das Mädchen untergebracht, die Fähre glitt herüber und landete. Über das Leiterchen zu gelangen, war offenbar nicht leicht; der Regierungsrat, der behilflich sein wollte, stand gefährlich im Wege, beinahe hätte das Mädchen ihn vom Stege gestoßen; er mußte sich mit den Händen an sie klammern, denn er schwankte schon. Sie erröteten beide unter der unfreiwilligen und doch derben Umarmung, Wange an Wange.

Dann aber, unter Lachen, endete die Begegnung; der Fahrgast stieg ein, und still löste sich die Zille vom Floß. Die Wellen kamen her, in Wirbeln ums schaukelnde Schiff, und der Ferge hob bedächtig die Stange. Das Fahrzeug trieb nun rasch, in der Mitte der Strömung, die Rollen am Seil blieben zurück, liefen wieder voraus, rasselten, sangen einen hellen Ton. Jetzt, gegen die Sonne, kam das Wasser leicht klirrend wie Scheiben Goldes.

Der Gast wie der Fährmann schwiegen; es war das uralte Geheimnis der Überfahrt zwischen ihnen. Dann stieß der Kahn knirschend an den Kies des seichten Ufers.

Nun, während er ihn reicher, als es seine Pflicht gewesen wäre, entlohnte, fragte der Fremde doch einiges, was man so fragt, aber mit besonderer Begierde, ob denn auch noch Fische im Inn wären und was für welche. Der Fährmann, mit der Hand wie verächtlich auswischend, meinte, Fische, ja, grad genug, Fische gäbe es im Inn, sehr viele, viele – aber, wie plötzlich sich besinnend, als hätte er von alten Zeiten geredet, schüttelte er bedenklich den Kopf: viele eigentlich nicht mehr, gegen früher. Da sei es noch ein gutes Handwerk gewesen, die Fischerei. Jetzt aber, nun, es wären noch Huchen da, Äschen, Weißfische und im Altwasser Hechte, armlange

Trümmer, und der Loisl drunten – und er wies stromabwärts – habe erst gestern zwei gefangen, und einen mit dreizehn Pfund.

Der Regierungsrat ging den Waldhang hinauf, der von einem Bach aufgespalten war, der hier in den Inn mündete. Das Wasser, schwärzlich und golden, von fetten Strähnen grellgrünen Schlinggewächses durchzopft, schimmerte herauf und war bis zum Grunde klar. Der Wanderer spähte unverwandt, aber er stellte bekümmert fest, daß auch hier keine Fische zu sehen waren.

Auf halber Höhe stand ein Gasthaus; drinnen war Musik, erhitzte Tänzer traten mit ihren Mädchen heraus, wo an laubüberhangenen Tischen ältere Männer tarockten. Er ließ sich ein Glas Bier bringen und sah dem nächsten schielend in die Karten. Der aber verlor und verlor, warf sogar bald verdrießlich das Spiel hin und ging davon. Und wunderlicherweise empfand auch der Zuschauer die widrige Laune des Glücks mit Mißbehagen, als hätte sie ihm selber gegolten. Er stand auf und streunte herum.

Das Rumpeln der Kegel zog ihn an, aber als er wie beiläufig in die Bahn trat, verstummte augenblicklich der muntere Lärm, um in schallendem Gelächter wieder hervorzubrechen, kaum daß er das lustige Häuschen verlassen hatte. So galt er denn hier für einen komischen Kauz, den sie nicht mitspielen ließen.

Mehr Erfolg hatte er, als er kurz darauf, gegen den Bach und eine nahe Mühle gewendet, zwei Männer gewahrte, die mit Feuerstutzen nach einer Scheibe schossen, die weit drüben, über der Schlucht, matt schimmerte. Der Zieler wies gerade mit seinem Löffel einen Zehner auf, doch der Schütze schien nicht zufrieden, er schüttelte verdrossen den Kopf. Er fragte den gespannt zuschauenden Fremden, ob er auch vom Schießen was verstünde. Und reichte ihm ermunternd die Büchse, die er wieder geladen hatte, zum Ehrenschuß.

Seit dem Kriege hatte der jetzt Vierzigjährige kein Gewehr mehr in der Hand gehabt; nun ergriff er es mit Begierde, hob es an die Wange und suchte das Ziel. Schon aber hatte er den feinen Stecher berührt, der Schuß fuhr hinaus, verdutzt starrte der Schütze nach. Er wollte gerade einiges zu seiner Entschuldigung vorbringen, da scholl von drüben ein lauter Jubelschrei, und auf der steigenden Scheibe hielt der Zieler mitten ins Blatt. Mit schweigendem Lächeln gab der Regierungsrat den Stutzen zurück.

So belanglos dieser Treffer sein mochte, plötzlich erschien er ihm als kraftvoller, geisterstarker Widerhall des Glücks, als Antwort gerufener Mächte, die uns unvermutet ihre gefährliche und zugleich tröstende Gegenwart künden wollen. Und es war, als hätte der hallende Schuß letzte Nebel zerstreut vor einem bewußten und frohen Auf-der-Welt-Sein. Ein freier und freudiger Mensch, ging der Gast nun weiter, nicht ohne seinen Gertenspeer wieder aufgenommen zu haben, den er an die Wirtshaustür gelehnt hatte.

Er sah im Vorbeigehen Ställe, roch Pferde. Vom grellen Hof pirschte er sich, wie beiläufig, durch das nur angelehnte Gitter in die braune Dämmerung der Boxen. Ein mächtiger starkknochiger Wallach stand in der ersten und wandte schwerfällig den alten Kopf. In den nächsten Ständen aber, kleiner als der ungeschlachte Riese, stampften junge Stuten, von gutem Schlag, glänzenden braunen Felles. Erregt witterten sie den ungewohnten Besucher. Der hatte kaum im Zwielicht sich zurechtgefunden, als auch schon ein mißtrauischer Knecht hinzutrat und unwirsch fragte, was der Fremde hier wolle. Der aber, statt einer geraden Antwort, wies auf das große, rotgewürfelte Tuch, das der Knecht um den Kopf geknüpft trug, und fragte dagegen, ob er Zahnweh habe. Aufgehellt von solcher Teilnahme, gab der Mann gern Auskunft über seine Schmerzen und ließ sich leicht in ein Gespräch über die Landwirtschaft und die Pferde ziehen. Ob sie fromm seien oder ob sie ausschlügen, wollte der Regierungsrat, wie nebenbei, wissen, indem er näher an die Stände trat. Der Liesl sei nicht zu trauen, meinte der Knecht, aber die Eva sei sanft wie im Paradiese.

Damit wandte er sich vorerst von dem Fremden ab, um seinem Stalldienst nachzugehen. Der Fremde aber, in einer unbeherrschten Lust, das schöne Tier zu liebkosen, ging auf das Pferd zu, das ihm als gutmütig bezeichnet worden war. Rosse! dachte er voller Sehnsucht und träumte sich in eine heldische Landschaft, drunten, am Fluß, unter einem sonnenzerstoßenen, rauchenden Regenhimmel, im grünen Sprühen der nassen Bäume und Büsche dahintrabend, schäumend vor Lust, zu leben und schweifend hinzustürmen, fremden, edleren Göttern untertan.

Im gleichen Augenblick aber drängte die schlimme Liesl ungebärdig nach hinten und schlug mit beiden Hufen nach dem Vorübergehenden. Er konnte mit genauer Not noch zur Seite springen und stand nun, zitternder Knie, an den hölzernen Verschlag gedrückt. Der Knecht lief herzu und machte ein finsteres Gesicht. Kleinlaut, mit einem scheuen, wie verzichtenden Blick auf die Tiere, schlich der Eindringling hinaus.

Es war nichts mit dem Traum, höhnte er sich selber; die edlen Götter wollten ihn nicht in ihren Diensten sehen. Und während der Schrecken jetzt erst, in hämmernden Schlägen des Herzens, von ihm wich, überlegte er die Gefahr, die ihm gedroht hatte. Aber: »Beinahe gilt nicht«, rief er kühn sich selber zu und schloß, ruhigeren Atems, den Kreis des Lebens über einem Abgrund von Gedanken.

Inzwischen war er an der Kimme des Hügels angekommen und sah flußabwärts, in Wiesen gebettet, das Kloster mit der Kirche liegen. Ich will nicht länger fremden Göttern dienen, lächelte er, dem sanften Gotte meiner Kindheit will ich mich beugen. Und schritt den Hang hinunter. Den Gertenspeer aber trug er immer noch in der Hand.

Jetzt lehnte er ihn an die Pforte und trat in die Kirche. Kühl, schweigend, in buntem Zwielicht lag der Raum. Etwas war darin, wie das Schwirren der vielen Instrumente eines großen freudigen Orchesters. Bist du bereit, o Seele? schien es zu fragen, gleich können wir mit der himmlischen Musik beginnen. Und er saß im Gestühl, und es begann das Spiel. Ohr ward in Auge verwandelt, und das Auge vermochte zu lauschen: wohin er sah, sprangen die Töne auf, jubelnd, in goldnen Kanten steigend, in eigenwilligen Schnörkeln entflatternd, zu starken Bögen gebunden. Sie sprangen über das hundertfarbene Gewölbe der Heiligen; da sangen blasse Büßerinnen und durchscheinend Verklärte; und bärtige Bässe mischten sich in die Lobpreisung. Aus der höchsten Laterne aber, darin der Geist als Taube schwebte, fuhr der Klang wieder herab, in den fleischernen Jubel der Engel und Putten, in den schweren Prunk der gebauschten Baldachine, in die goldnen Strahlenblitze der Verzückung. Zimbeln, Flöten und Trompeten, in Bündeln in die Chorbrüstung geschnitzt, wie Kinderspielzeug an den Altären aufgehängt, fielen silbernen Klangs mit ein, und von den Lippen jubelnder Märtyrer brauste des Dankes klare Verkündung.

Nun aber ward solcher Wohllaut geheimnisvoll durchstoßen ohne wirklichen Orgelton. Und es erscholl ein leiser Gesang, aber so hauchend er schien, er erwies sich mächtiger als der jauchzende Braus. Es waren die Nonnen des Klosters, die sangen, hinter den weißen und goldenen Gittern, aus einer anderen Welt.

Die süßen Pfeifen der Orgel, die zarte, eintönige Trauer des Gesanges weckte auch in dem Lauscher das trunkene Lied, das in des Menschen Brust schläft, tief drunten bei den letzten Ängsten und bei der letzten Seligkeit.

Dies war freilich nur im Augenblick, daß seine zerspaltene Seele zusammenglühte zu einer brennenden Flamme der Liebe. Wir sind ja längst alle Waisen, dachte er, in schmerzlicher Ernüchterung; eine ganze Welt hat keinen Vater mehr. Dies ist ja Grabgesang und wehende Luft aus Grüften. Gesang und Orgelspiel endeten. Die Wände und Säulen waren stumm geworden, die Verzückung der Heiligen schien erstarrt. Blaugoldene Dämmerung füllte den Raum. Rasch brach der Einsame auf.

Auch draußen war nun schon später Nachmittag. Warmes Gold floß durch die Wälder her, die Bäume warfen lange Schatten auf die Wiesen. An der Kirchenpforte lehnte noch der Gertenspeer. Der Regierungsrat, veränderter Stimmung voll, war unschlüssig, ob er ihn mitnehmen sollte, denn er gedachte, seinen Ausflug nun gesitteter zu vollenden, auf den Sträßlein geradeswegs gegen die neue Brücke hin zu wandern und zum Abend im Städtlein zu sein; er sah sich schon beim »Goldenen Krebs« sitzen, im Wirtsgarten oder auch in der Stube, beim frischen Bier, und die Speisenkarte vor sich ausgebreitet, aus der er, gar wenn er rechtzeitig kam, nach Herzenslust wählen konnte. Nun griff er doch nach der Lanze, er war fröhlich, ohne recht zu wissen, warum, er sang ein wenig vor sich hin, dummes Zeug, die Speisenkarte setzte er in Töne, kräftig ausschreitend, leicht in der mild wehenden Kühle, einig mit sich selbst, gesund, in jener herrlichen Spannung des Hungrigen und Durstigen, der weiß, der ganz sicher weiß, daß sein Verlangen gestillt wird, ja, der seine Sinne schon reizen darf, um sie desto feuriger in den Genuß zu entlassen. So marschierte er hin und hatte rasch die Höhe erreicht, die ihm einen letzten Rundblick bot, ehe das Sträßlein, waldhinunter, gegen Brücke und Stadt sich wandte.

Die Brücke war auch von hier aus nicht zu sehen, eine schwarzgrüne Wand von Tannen verbarg sie. Aber die Stadt drüben hob sich schön und schier feierlich ins schräg einfallende Licht. Auch vom Flusse war nun die ferne Herkunft zu erblicken, gleißend, wie von verstreuten Wassern, lag es im Sand und Gebüsch. Das nahe Ufer aber, von schütterem Wald verstellt, blinkte nur ungewiß aus grünen Schluchten her.

Hügel um Hügel schwang sich im Süden den Bergen zu, die ihren mächtigen Bogen auftaten, zauberklar, nahe, wie sie den ganzen Tag nicht gewesen. So wie das Licht die Hügelkämme, die Wälderhöhen und die Gipfel traf, hatten sie ihren besonderen Widerschein, ihre eigene Verschattung. Im Sinken der Sonne blitzten, lösten sich Halden in sanften Dunst, glühten Felsenzacken in scharfen Kanten. Gegen Westen aber, in das Lodern des Gestirns hinein, hob sich, Welle um Welle, das Land in unbegreiflicher Überwerfung, in immer dünnere, zartere Gebilde aufgeblättert, in den Taumel der Verzückung, bis der letzte Scheitel, nach hundert wilden, ausgebrannten und wie von Rauch allein noch bewahrten Farben, veilchenblauen, eisenbraunen, weinroten, in den zartweißen Duft verhauchte, mit dem sich das Land an die flammende Schwermut des unaufhaltsam stürzenden Tages hingab.

Der Wanderer, auf seinen Speer gebogen, genoß dies Schauspiel lange. Er stand, bis ihn, vom westlichen Hügel her, die Schatten trafen, bis die Ränder des Himmels, in giftigere Farben getaucht, einschmolzen, bleiern erkalteten, und bis, hoch in Lüften, auf blassem Federgewölk, die weiße Stille dahinfuhr.

Er riß sich los. Und morgen muß ich nach Berlin zurück, dachte er, und es war ihm wie damals vor vielen Jahren, als die Front ihn unerbittlich zurückforderte aus den seligen Händen der Heimat. Der Tag hier war ein Traum gewesen, Berlin hieß die Wirklichkeit. Aber noch einmal, wie ein Schläfer vor dem Erwachen, barg er sich in den holden Trug schweifender Gedanken: wie er hier hausen wollte im wilden

Wald, ein Jäger, ein Schrat, ein Kentaur. Und zerwarf die gläsernen Gespinste mit wildem Gelächter.

Die Straße war inzwischen bis nahe an den Fluß herabgestiegen; doch blieb noch ein breiter Streifen buschigen Waldes zwischen ihr und dem Ufer. Es liefen aber kleine Steige hinaus, und einem von ihnen, an einem Wasserlauf entlang, folgte der Wanderer, in keiner anderen Absicht als der, noch einmal freie Sicht auf die Strömung zu gewinnen, ehe er an die Brücke kam und in den gebundenen Bereich der Menschen. Ja, in seinem Herzen schien die wilderregende Wanderung dieses Nachmittags bereits zu Ende; er war schon in Gedanken bei dem neuen Bauwerk, bei dem gemütlichen Abendessen, bei dem morgigen Fest.

Er ging den Graben entlang, der sich rasch zu einem Altwasser ausbuchtete. Es war wohl noch hell hier, außerhalb des Waldes, am weißzischenden Fluß; aber, um noch Fische sehen zu können, schien es doch bereits zu dämmerig. Trotzdem hielt er die Augen unverwandt auf die klardunkle Flut gerichtet. Er würde sich ja nun doch von seinem geliebten Wurfspeer trennen müssen, denn es ging nicht an, also gerüstet unter die Leute zu treten. Und welch würdigeren Abschied konnte er seiner Waffe geben, als daß er sie zu guter Letzt doch noch gegen ein geschupptes Untier schleuderte, einen Hechten, einen armlangen, dreizehnpfündigen, wie ihn der Fährmann geschildert hatte heute nachmittag. Er hatte sich doch wieder heiß gelaufen auf dem Marsch vom Kloster herab, und es tat wohl gut, das schwarze Staatsröckchen noch einmal abzutun und die Weste dazu und sich hier auszulüften in der Kühle des Abends. Aber der Regierungsrat mußte bemerken, daß die Schnaken auch abends stachen und nicht schlechter als am heißen Mittag und daß das Hemd sie durchaus nicht daran hinderte; er mußte auch einsehen, daß ein Mensch völlig wehrlos preisgegeben ist, der in der einen Hand seine Kleider hält, in der anderen aber eine zwecklose, kindische Gerte. Er überlegte eben, ob er besser diese fahren ließe oder aber seinen Frack wieder anzöge, als er einen Nachen sah, der am Ufer angekettet war.

Unversehens war er wieder völlig im Bannkreis des Wassers, und obgleich er sich selber einen alten Kindskopf schalt, war er doch schon entschlossen, sich an dem Kahn zu versuchen. Er legte Rock und Weste nieder und prüfte, wie das Boot befestigt sei. Die Kette war um einen Pfahl geschlungen, der im Morast des Ufers steckte, das in einer steilen Böschung abfiel. Es war nicht leicht, das Boot zu betreten. Es schwankte unter seinem Sprunge, und die schwarzklare Fläche schaukelte in weiten Ringen. Der Boden des Kahns stand voll Wasser, das unter dem Gewicht des Mannes rasch stieg, aus vielen Ritzen quellend. Doch mit dem Sinken mochte es noch eine gute Weile haben, und der Mann turnte bis zur flachen Spitze der Zille vor.

Das Unternehmen hatte sich gelohnt. Denn dort vorn war eine Kiste an den Kahn gekettet, ein plumpes, viereckiges Ding, das unbewegt unterm Wasserspiegel schwamm: ein Fischkasten!

Der Regierungsrat warnte sich selber. Es war eine heikle Sache, wenn jemand kam und ihn zur Rede stellte, gerade ihn, einen Beamten, der in besonderer Sendung hier weilte. Aber wer sollte kommen! Es zog ihm alle Finger hin. Anschauen war ja noch kein Verbrechen. Der Kasten hing an einer rostigen Kette, deren Schlußhaken im Boot verankert war. Er zerrte an der Kette, der Kasten kam langsam in Fahrt, bis er dicht an der Planke der Zille lag. Ein altes Vorhängeschloß hielt den Deckel. Im Kasten rumpelte es geheimnisvoll. Der Frevler sah um sich, horchte. Niemand kam, es war alles still.

Er lachte, die Hände schon am Schloß. Es brach mitsamt der Öse, die es schließen sollte, aus dem morschen Holz. Der Kasten war offen.

Er hob ihn über den Spiegel. Das Wasser schoß weiß aus den runden Löchern. Das Schlegeln drinnen wurde lauter. Jetzt mußte er den Fisch sehen. Angestrengt hielt er mit der einen Hand die Kette, mit der andern lüpfte er den Deckel. Und da sah er wirklich den Fisch, ungenau im Dämmern, wild schnalzend, bald schwarz, bald weißlichgrün. Es mußte der Hecht sein, der dreizehnpfündige, der gewaltige Bursche, der da hämmernden Schwanzes sich gegen die Wände seines Kerkers schnellte, als wittre er Tod oder Freiheit. Und jetzt tauchte gar der Kopf des Ungeheuers über den Rand des Kastens, ein spitzzahniger Rachen, ein grünschillernder Augenblitz – erschrocken ließ der Regierungsrat den Deckel fallen; der Kasten glitt in die Flut zurück.

In diesem Nu schwankte der Kahn, mit Wasser gefüllt, unter dem Erregten weg. Er erschrak, suchte nach einem Halt, griff mit beiden Händen den Fischkasten, der von dem Stoß getrieben sich nach vorwärts schob.

Der Regierungsrat, nach dem ersten Schock über das unfreiwillige Bad, faßte sich schnell. Er schalt sich selber einen Fischnarren, einen heillosen Tölpel, der seine Strafe verdient habe. Es fiel ihm sogleich ein, daß er Rock und Weste nicht anhabe, daß somit das Wichtigste dem Nassen entronnen sei. Die Hosen und die Stiefel aber würde er schon noch leidlich trocken laufen. Ja, bis an die Brust im Wasser stehend, lachte er schon des Abenteuers, des Schwankes aus seinem Leben, beim Wein erzählt, im Gelächter der Freunde. »Aber halt!« rief er plötzlich, dem leise abtreibenden Fischkasten nachblickend, »wenn ich schon deinetwegen ins Wasser muß, du Teufelsvieh, dann sollst du mir nicht entwischen!«

Er watete vorwärts; es wurde tiefer, er schwamm. Kaum zwei Armlängen vor ihm schaukelte der Kasten auf leichten Wellen. Er holte ihn ein; das schlüpfrige Holz war schwer zu greifen, der Zug nicht ohne weiteres zu bremsen. Es würde besser sein, das plumpe Ding mit der Strömung ans Ufer zu schieben. Dort, ehe das Altwasser in den Fluß mündete, mußte es gelingen. Mit kräftigen Stößen drängte er nach rechts. Aber da schoß schon von links her, kalt siedend, weißblinkend der Inn heran. In einem mächtigen Schwall, ruhig und gelassen, ergriff der Strom den Schwimmer. Der hatte den Fischkasten halten wollen, jetzt hielt er sich an ihm. Das Wasser war so kalt nicht, es war auch noch bläulich hell über den Wellen. Und so dahingetragen zu werden, war, nach der ersten Angst, fast schön und feierlich.

Dem Regierungsrat fiel das Wort ein, das er schon einmal zu sich selber heute gesagt hatte, daß der Mensch, wenn er lebendig bleiben wolle, von Zeit zu Zeit in die tiefsten Brunnen seiner Dummheit fallen müsse. Und hatte er nicht auch an den reißenden Strom gedacht? So wahr, bei Gott, war noch selten ein Wort geworden. Und dieser ganze Tag, hatte er nicht Jahre des Lebens wettgemacht? Die Fähre, das Mädchen im Arm, der glückliche Schuß, das schlagende Pferd, die blühende Kirche, der Sonnenuntergang – und nun dies Abenteuer, ein würdiger Abschluß. Rock und Weste, sozusagen der eigentliche Regierungsrat, lagen wohlgeborgen am Ufer, hier aber trieb ein Mann dahin, vom Strom gewiegt, ein Mann, der schwimmen konnte.

Der Inn holte jetzt zu einer weiten Biegung aus. Der Mann

mit dem Fischkasten kam nahe ans Ufer, aber die Rinne war hier tief und schnell. Da stand jetzt die neue Brücke, festlich geschmückt. Der Schwimmer sah hinauf; sie war menschenleer. Niemand würde ihn bemerken, das war gut so. »Hochansehnliche Festversammlung!« ... Da würde er morgen stehen, die Hosen frisch gebügelt, kein Mensch würde etwas merken von dieser lächerlichen Geschichte.

Der Fluß lief wieder gerade. Unterhalb der Brücke sah der Schwimmer Sandbänke schimmern. »Dort werde ich an Land gehen«, sagte er. »Wenn mir nur der Bursche hier drinnen nicht auskommt, der an allem schuld ist. Ich werde den Kasten dort verankern; ich werde mit dem Fischer reden, heute noch, und ihm beichten. Und dann werde ich kurzerhand den Kerl da mitsamt dem Kasten kaufen, käuflich erwerben – ward je in solcher Laun' ein Hecht erworben?«

Die Brücke stieg jetzt ungeheuer hoch über das Wasser. Nun erst sah der Regierungsrat, wie reißend schnell der Strom ihn dahinführte. Links müßt Ihr steuern! dachte er, kräftig rudernd, noch den alten Spruch belächelnd. Aber der ungefüge Trog gehorchte mehr der Gewalt des Flusses als den stemmenden und haltenden Kräften des schwimmenden Mannes. Der spürte den saugenden Drang des Wassers und erwog die Gefahr. Eine Stimme rief ihm zu, er solle doch den Kasten fahrenlassen, ja, sich selber mit einem Ruck abstoßen, in die Mitte der Rinne hinein. Das rät mir der Hecht, lachte er und rührte kräftig die Beine. Das könnte dem Burschen so passen. Aber nein, mein Freund, wir bleiben beisammen! Da war schon der Pfeiler. Das Wasser, am Bug gestaut und gespalten, wich in einem Wirbel aus und gurgelte dann schräg nach rechts hinunter. Der Kasten, schwankend und halb kippend, streifte mit knirschenden Schrammen die Betonwand. Das morsche Holz wurde aus dem Gefüge gequetscht. Der Schwimmer sah noch einen schlagenden, leuchtenden Schein dicht vor den Augen. Der Hecht! Der Hecht! Er tappte, griff schleimige Glätte, drückte zu.»Hab' ich dich, Bursche«, jubelte er, da hob ihn die Woge und schlug ihn hart an die Mauer.

Aus den sich lösenden Händen des bewußtlosen Mannes schoß der befreite Hecht mit kräftigen Schlägen in den Strom hinaus.

Ein Dutzend Knöpfe

Ich kann heute noch nicht, als ein gestandener Mann, ohne Herzklopfen über eine Ladenschwelle treten, und die höflichste und unverfänglichste Frage nach meinem Begehr vermag mich mitunter so zu verwirren, daß ich mir Mühe geben muß, um meine lächerliche Rolle als Käufer irgendeiner Kleinigkeit mit einigem Anstand zu spielen. Mein Ungeschick hat mir schon mehr als einmal peinliche Verlegenheit bereitet. Ich habe als Lateinschüler kostbarste, langstielige Rosen erworben, die mein Taschengeld für ein Vierteljahr verschlangen, nur weil ich den Mut nicht aufbrachte, zu sagen, daß mir auch ein Veilchenstrauß für fünfzig Pfennige genüge; ich habe voller Verzweiflung zwei Mark für ein Kragenknöpfchen bezahlt – echt Büffelhorn, aus einem Stück geschnitten –, weil ich mich schämte, das voreilig ergriffene Ding wieder aus der Hand zu geben; ich habe mir, als ein schüchterner Provinzler in Berlin, ganze Pakete von Haarwasser und Salben aufschwätzen lassen, wehrlos gegen den

Redeschwall des Pfiffigen, der mit tausend Gründen mir bewies, wie bitter notwendig mir dergleichen Mittel wären, wenn ich nicht, ein Dreißigjähriger erst, als ein Kahlkopf herumlaufen wollte. Und mehr als ein Paar Schuhe habe ich mit Schmerzen getragen und vor der Zeit hergeschenkt, nur weil ein freundliches, aber unbeugsames Fräulein mir versicherte, sie paßten wie angegossen.

Ich bin sonst kein Feigling gewesen, den Großen Krieg habe ich mitgemacht und auch sonst manchen Strauß tapfer ausgefochten im Leben, aber an der kleinen Front des Alltags bin ich kein Held geworden, bis heute nicht und werde auch wohl keiner mehr werden. Und wenn ich in ein Geschäft muß, etwas einzukaufen, und wenn gar eine Frau hinter dem Ladentisch steht, dann wird mir beklommen zumute.

Gescheite Leute, die eine Wissenschaft daraus gemacht haben, für alle solche Unbegreiflichkeiten, die sie Verdrängungen und Zwänge nennen, in einem Erlebnis aus der Kindheit den Schlüssel zu suchen, werden mit Freuden die kleine Geschichte vernehmen, die ich jetzt erzählen will, eine lächerliche, eine ganz und gar belanglose Geschichte aus verschollenen Jahren, als ich in die Volksschule ging, damals, lang vor dem Großen Krieg.

Wir wohnten in jener Zeit im vierten, höchsten Stockwerk eines rasch und billig gebauten Miethauses, wie sie vor der

Jahrhundertwende errichtet wurden, Häuser, die schon baufällig, schäbig und, ähnlich dem Hausrat aus zu jungem Holz, rissig und verbogen werden, ehe sie recht fertig sind. Ich erinnere mich jeder Einzelheit, sobald ich an diese oder eine ähnliche Geschichte denke; und wenn wirklich die Treppe die eigentliche Seele des Hauses genannt werden darf, dann war dieses kummergekrümmte, abschüssige, zitternde Stiegenhaus der Wesensausdruck des ganzen Gebäudes, dessen schwankenden Wipfel wir bewohnten. Gefährlich, beängstigend war die Treppe, schwindelerregend war die Tiefe in der Mitte der ungeheuren Schnecke. Ich war gerade an den schlecht verschraubten, klappernden Gußeisenstäben des Geländers, den gähnenden Abgrund unter mir, an der Außenkante emporgeklettert, als meine Mutter von oben nach mir rief. Ich schwang mich, was für ein so kleines Geschöpf gar nicht leicht war, über das Geländer und raste die paar Stufen hinauf, froh, daß sie meinen verbotenen halsbrecherischen Spielplatz nicht entdeckt hatte. Die Mutter gab mir einen Knopf in die Hand und holte dreißig Pfennig aus ihrem Geldbeutel. In der Dachauer Straße, auf der linken Seite, dem Bahnhof zu, sei ein Geschäft, Scheller oder so ähnlich heiße es, dort solle ich ein Dutzend Knöpfe holen wie den da, den sie mir als Muster mitgebe.

Ein solcher Auftrag war mir so schrecklich, als hätte sie mir befohlen, eine Prinzessin aus der Höhle eines Ungeheuers zu rauben, wie ich dergleichen erschauernd in Märchenbüchern gelesen hatte. Ich schaute meine Mutter mit gequälten Augen an, ob es ihr Ernst sei, mir so etwas zuzumuten; aber sie wurde nur böse und spottete mich aus, ob ich, als ein Bub von acht Jahren, mich nicht getraue, in einen Laden zu gehen, um gegen mein gutes Geld etwas einzukaufen.

Ich duckte mich und sprang eilig fort. Ich sah ein, daß es kein Entrinnen gab, und wollte das Unabwendbare bestehen, rasch, wie in einem Traum, ehe es mir recht ins Bewußtsein gedrungen wäre. Den Knopf und die drei Nickel trug ich in der krampfhaft geschlossenen, schwitzenden Faust, die ich tief in die Tasche vergrub. Es war ein früher und trüber Novemberabend, zischelnd gingen die Bogenlampen auf, Lichter und Lärm der großen Stadt wurden heftiger und verworrener, je näher ich dem Bahnhof zustrebte. Ich strich ganz nahe an den Häusern hin, hatte für nichts ein Auge, streifte kaum mit flüchtigem Blick ein Schaufenster, fiel über einen Hund, erschrak vor einem Schutzmann, drängte mich wieselschnell durch die großen Leute, stieß mit einem dicken Mann zusammen, den ich noch lange, wie im Schlaf, hinter mir herschimpfen hörte. Ich zog nur den Kopf ein und rannte um so schneller.

Dabei flüsterte ich mir immer die Worte vor, die ich sagen wollte: »Ich bitte –« nein! – »ich soll für meine Mutter –« ach wie dumm! »meine Mutter schickt mich –« nein, das war alles nichts. »Ich möchte ein Dutzend Knöpfe wie den da!« Ja, so würde ich sagen; das war gut: »Ich möchte ein Dutzend Knöpfe wie den da!« Genau so würde ich sagen, nicht mehr und nicht weniger. Es mußte dann alles glattgehen, es war ja auch so lächerlich einfach. Ich erinnerte mich mit Gewalt so manchen Einkaufs, zu dem mich meine Mutter mitgenommen hatte. Da war nichts als Freundlichkeit und Wohlwollen: »Bitte sehr!« und »Danke ergebenst!« und: »Beehren Sie mich bald wieder!«

Schließlich war ich ja nicht in der Schule, wo der Lehrer gleich so mit den Augen hinter der Brille funkelte, wenn man ein bißchen zu stottern anfing. Schule – das gab mir einen Stich: Morgen früh begann sie mit der Rechenstunde und ich hatte das Einmaleins mit dreizehn noch nicht gelernt. Der graufeuchte und lichtergrelle Abend blinkte in meine nassen Augen. Aber, dachte ich entschlossen, wenn ich erst die Knöpfe in der Tasche hätte, würde das andere sich schon geben. Zeit genug, das Einmaleins noch zu lernen. Nur die Knöpfe, die Knöpfe! Wie war doch das Sprüchlein, das ich aufsagen wollte? »Ich möchte ein Dutzend Knöpfe wie diesen da!« Ja, ich wußte es noch. Ich hob den Kopf, ich atmete auf. Ich sah überheblich die großen Leute an, als wollte ich sie fragen, ob sie vielleicht den Auftrag hätten, ein Dutzend Knöpfe zu holen, die genau so aussehen müßten wie der, den ich in der Tasche trug.

Aber da war auch schon der Laden. Kein beliebiger Laden, wie der Bäcker da nebenan oder das Spenglergeschäft – sondern mein Laden: »Alois Schöllerers Witwe, Kurzwaren«. Da stand es geschrieben, wie mein Urteilsspruch. Es überlief mich heiß und kalt. Ich stand wie angenagelt. Ich las immer wieder: »Alois Schöllerers Witwe, Kurzwaren«. Ich hob schwer die Füße vom Boden auf, ich tat einen Schritt nach vorn. Ich spürte, daß es keine Rettung mehr gab. »Ich möchte ein Dutzend Knöpfe wie diesen da!« Das war mein Stoßgebet. Ich machte die Augen zu, drückte auf die Klinke, es läutete schrill. Es läutete ohne Aufhören. Ich vernahm, in brausendem Entsetzen, eine böse Stimme: »Tür zumachen!« kreischen, ich ließ die Klinke los, ich drückte gegen die Tür, sie fiel ins Schloß, das entsetzliche Läuten verstummte, ich stand im Laden.

Es war dämmrig und warm, ein öder Geruch von Wachstuch und gestärktem Weißzeug schlug mir entgegen. Es mußten viele Kunden hier sein, es schwirrte und klapperte von halblauter Rede und raschelnden, prüfenden Händen. Plötzlich traf mich aus dem halben Dunkel eine scharfe, blecherne Stimme: »Was willst du, Kleiner?« Ich sah, aus der Höhe der Erwachsenen über die Ladenbudel gebeugt, drohend nahe ein gelbes, finniges Mädchengesicht, geiergleich, hexenhaft, aus wuschligen Haaren, ich war ganz verwirrt von dieser Häßlichkeit, pfui, wie wüst die ist, dachte ich und war nahe daran, einfach davonzulaufen. Aber schon erscholl es abermals, laut diesmal und ärgerlich, was ich denn wolle. Ich wurde weiß und rot, mein Herz schlug bis zum Hals herauf, ich öffnete die Faust und holte den Knopf hervor. Ein paarmal setzte ich an: »Eine Empfehlung« – würgte ich heraus. Aber das war ja dumm. Ich nahm mich zusammen, das Zaubersprüchlein, hatte ich es denn ganz vergessen? Mit einem Mal fiel es mir ein; klar und fest sagte ich:»Ich möchte ein Dutzend Knöpfe wie diesen da!«

Ich schnaufte tief auf. Das Fräulein nahm den Knopf und ging. Ich war gerettet. Von nun an würde alles glattgehen; was an mir lag, war getan. Alle Verantwortung lag jetzt bei dem Mädchen. Langsam, wie eine Schnecke, kroch ich aus mir heraus und ließ meine erstaunten Augen wandern gehen. Da waren hohe Gestelle mit Ballen von weißem und buntgemustertem Wachstuch, von Leinwand und allen möglichen Stoffen, da waren Schaukästen und halboffene Schubladen mit grellfarbigen Bändern, mit Zwirn und Nähzeug, Stöße von Schürzen, Schachteln voller Knöpfe, Häkchen, Fischbeinstäbchen und Fingerhüten, verhundertfacht, verwirrend mannigfaltig all der Krimskram, den ich von meiner Mutter her kannte. Und da sah ich auch, zwischen laufenden, abmessenden und einwickelnden Ladnerinnen, mein häßliches Mädchen, wie es in einem großen Kasten voller Knöpfe herumgrub. Gleich würde es mir die meinen bringen. Aber das Fräulein griff immer tiefer in den Kasten, verglich und verwarf, schüttelte den Kopf und lief schließlich zu einer alten Frau hinüber, der sie fragend etwas zuflüsterte. Ich sah, wie sie meinen Knopf herzeigte. »Vielleicht links oben«, krächzte die Alte, indem sie mit der Hand, die eine Schere hielt, eine gespenstische Bewegung ins Leere machte.

Mein glückliches Vertrauen in den schönen, sicheren Lauf der Welt wich schon wieder einer heimlichen Angst. Endlich kam das Mädchen mit einem Bündel Knöpfe. Ich sah gleich, daß es nicht dieselben waren wie der, den ich mitgebracht hatte. Ich streckte abwehrend die Hand aus, in mir schrie es: Nimm sie nicht, nein, nimm sie nicht! Ich stotterte etwas von meiner Mutter, aber die Alte rief aus ihrem Dämmergrund nach vorne, es werde so schon recht sein, genau die gleichen gebe es nicht.

Schon hatte das Mädchen ein Dutzend abgezählt und eingewickelt, es nahm zwei von den drei Zehnern, die ich hinhielt, und ich lief hinaus, durch die gellend läutende Tür, auf die kalte, dunkelrauchende und lichterblitzende Straße. Ich redete mir ein, meine Mutter würde sich zufriedengeben, aber mein innerstes Herz wußte es besser, wußte es nur zu gut, daß sie die Knöpfe nicht nehmen würde. Und dann? Ja, dann mußte ich sie zurücktragen, mußte, ein zweites Mal, und weit schrecklicher noch, das Wagnis bestehen. Nein, das konnte ich nicht, das ging über meine Kraft. Vielleicht würde meine Mutter, so tröstete ich mich, zornig werden auf die Frau im Laden und selber gehen, die Knöpfe umzutauschen, und ihr richtig die Meinung sagen, was das für eine Schlamperei sei und ob sie ihr, der Mutter gegenüber, auch behaupten möchte, die gleichen Knöpfe gebe es nicht, unter den Tausenden, die ich doch liegen gesehen hatte. Und das tat ich nun selber in Gedanken, heimtrabend, auf der sicheren Straße, weit weg von der Gefahr; böse, treffende, hochmütige Worte fand ich für das häßliche Mädchen und die krächzende Alte; ob man denn heutzutage für sein gutes Geld nicht mehr das kriege, was man wolle, und ob man glaube, einen kleinen Schulbuben einfach abspeisen zu dürfen mit einer so lächerlichen Ausrede. – Ich faßte den verwegenen Gedanken, auf der Stelle umzukehren, so zu tun, als ob ich schon daheim gewesen wäre und wieder hergeschickt, kühn und befehlend sah ich mich im Geiste den Laden betreten – aber beim ersten Schritt überfiel mich wieder düsterste Verzagtheit und ich hielt es noch für aussichtsreicher, bei meiner Mutter mein Glück zu versuchen. Vielleicht kam es ihr gar nicht so sehr darauf an, daß es haargenau die gleichen Knöpfe wären, vielleicht auch waren die, die ich nun heimtrug, den gewünschten ähnlicher, als ich in meiner Angst selber glaubte. Aber mir war, als schauten mich alle Leute auf der Straße höhnisch an, als wüßten sie, daß ich ein Tölpel sei, der nicht einmal ein paar Knöpfe richtig besorgen könne. Ich steckte wieder den Kopf zwischen die Schultern und rannte dahin.

Daheim wischte ich so leise wie möglich ins Zimmer, legte das zerknüllte Papier auf den Nähtisch und war schon wieder in der Tür, als mich das Donnerwort der Mutter zurückrief. Das seien die Knöpfe nicht, sagte sie streng, die sie haben wolle. Erst vorgestern habe sie dort welche gekauft; unverzüglich solle ich sie zurücktragen und ausrichten, man dürfe sich schon etwas mehr Mühe geben.

Ich wollte dies und jenes darauf erwidern, allzuviel wollte ich sagen, daß ich meine Schulaufgaben noch nicht gemacht hätte, daß wir das Einmaleins mit dreizehn noch lernen müßten, daß es doch überhaupt viel richtiger wäre, die Mutter ginge selber. Aber ehe ich ein vernünftiges Wort herausgebracht hatte, war meine Mutter aus dem Zimmer gegangen und hatte mich stehenlassen. Ich wußte von innen heraus, daß es vergeblich sein würde, sie noch umstimmen zu wollen. Ich ergriff die Knöpfe, sie brannten in meinen Händen. Ich kämpfte mit einem Weinen aus Scham und Wut. Und der Zorn kam mir jetzt wirklich zu Hilfe, auf den Ladentisch wollte ich die Knöpfe werfen, gleich, über die vier Stiegen rasselte ich hinunter, in tollen Sätzen rannte ich den Weg zurück, vor den eigenen Tränen lief ich davon. Hätte ich nur einen Atemzug verhalten, ach, die Angst und die Qual hätten mich eingeholt, keinen Schritt mehr hätte ich gehen können. So aber jagte ich mich selber durch die Straßen, heiß und rot vom Laufen sah ich den Laden, blindlings stürzte ich hinein, das Läuten gellte, ich preßte die Tür zu, ich stolperte, ich keuchte, ich sah das Gesicht der Alten, ich stotterte irgend etwas, drohend und flehentlich zugleich schob ich ihr die Knöpfe hin.

Die Frau ging, unwirsch kramte sie in einem Schubfach herum, niemand sonst war im Laden; mit fliegendem Atem noch zog ich den wunderlich muffigen Geruch ein, betäubend war er, eine große Stille ging von ihm aus. Angestrengt blickte ich auf die Wachstuchmuster, die vor mir ausgebreitet lagen, dachte plötzlich an das Einmaleins mit dreizehn, als wollte ich eine Qual mit der andern vertreiben. Aber schon kam die Frau zurück, so böse schien sie nicht mehr, keine Hexe, nein, sie brachte die richtigen Knöpfe, sie schalt auf das hudelige Mädchen, alles müsse man selber machen. Und fünf Pfennige bekomme sie noch, für diese Knöpfe da; ich gab ihr meinen Zehner, nahm das herausgegebene Fünfpfennigstück und taumelte nur so hinaus.

Wie ein Vogel so leicht flog ich dahin, eine ungeheure Last war von mir gewichen, ich hüpfte, ich trällerte durch die Straßen, die auf einmal golden schienen vor lauter Licht. Dann wieder ging ich langsam, in alle Schaufenster blickte ich, schön war die Welt und nur sechs Wochen waren mehr bis Weihnachten.

Nein, und wie einfach war das gewesen, die Knöpfe umzutauschen! Nun wollte ich sie doch anschauen, ob es auch wirklich und wahrhaftig ganz genau die gleichen waren. Ich fuhr in die Tasche, sie war leer! Nur das Fünferl griff ich, tief am Grund des Hosensacks. Ein blitzschneller, zuckender Schrecken, ein schmetterndes, ganz dünn und scharf krachendes Entsetzen hinterdrein; ich stürzte in einen Abgrund. Noch einmal erhob ich mich, tastete mich ab, fuhr in alle Taschen. Hoffnung um Hoffnung zerriß, Verzweiflung war das Ende: Nichts, nirgends – Die Musik meiner Fröhlichkeit brach ab in jähen Paukenschlägen, in finsterer Stille. Straßen und Menschen, alles verging in einem sausenden Wirbel: Verloren? Nein – liegengelassen!

Liegengelassen das Dutzend Knöpfe, vergebliche, lächerlich vergebliche Tapferkeit, einzudringen in die Höhle des Ungeheuers und den Schatz, den schon geraubten, den sicheren Schatz zu vergessen.

Hilflos und vernichtet stand ich auf der Straße; kalt und dampfend blies mich der Novemberabend an, tückisch und grell blinzten die Lichter. Heimgehen? Wie sollte ich meiner Mutter unter die Augen treten? – unbarmherzig würde sie mich ein drittes Mal in den Laden schicken. Ausschelten, schlimmer noch, auslachen würde sie mich. Und aus freien Stücken umkehren? So wie eben, noch einmal blind hineinrennen in das Geschäft, durch die gellende Tür, in die zwielichtige, übelriechende ungewisse Dämmerung? Saß da nicht die alte Hexe, mit rotglühenden Augen, die Knöpfe bewachend, die sie längst wieder hineinverzaubert hatte in den tiefen, schwarzen Kasten? Und sie würde sagen, was ich denn schon wieder wollte, und sie wüßte nichts von Knöpfen und das häßliche Mädchen würde auch sagen, ich hätte doch meine Knöpfe schon bekommen, und wenn ich zu dumm gewesen sei, sie mitzunehmen, dann geschähe mir nur recht. Der ganze Laden begann sich mir plötzlich im Kopf zu drehen, alles war wüst verzaubert, zu böse funkelndem Blick und höllischem Hohngelächter. Der widerwärtige Geruch wurde zu einem sichtbaren Schwaden, einem greulichen Gespenst, und die gellende Tür schrie und war nicht mehr zum Schweigen zu bringen. – Ich stand wie im Fieber, mich fror. Inbrünstig bat ich den lieben Gott um Gnade, nur diesmal sollte er mir noch helfen, ach, ich wußte selber nicht, wie.

Und wirklich geschah ein Wunder. Ein Bub schnurrte vorbei, ein Schulkamerad, er rief mich an, Rucker hieß er, ein Vorstadtstrolch war er, abgerissen, stinkend und frech, der übelste Raufbold unserer Klasse. Mir aber erschien er in diesem Augenblick wie ein Engel. Mit einem kurzen »Servus« wollte er vorüber, ich aber heftete mich an ihn, sein Weg ging ohnedies durch die Dachauer Straße, wie von ungefähr standen wir vor dem Laden, ich erzählte ihm, daß ich die Knöpfe da drin liegengelassen hätte. Er merkte gleich, wo ich hinauswollte, er freute sich mit dem bösen und sicheren Neidhaß des Gassenbuben meiner Schwäche, grausam ließ er mich zappeln, einen Schisser schimpfte er mich und machte Miene, davonzugehen und mich meinem Schicksal zu überlassen. In meiner letzten Angst zeigte ich ihm das Fünfpfennigstück. Das würde ich ihm schenken, wenn er die Knöpfe brächte. – Ohne weiteres stieß er die Ladentür auf, gellend klang das Läuten bis auf die Straße heraus, wo ich schaudernd stand, gewärtig, den Tollkühnen verschlinge jetzt die Hölle. Aber unverzüglich erschien er wieder, unversehrt, grinsend brachte er mir die Tüte. Auf dem Ladentisch seien die Knöpfe noch gelegen, gewartet hätte die Frau, daß sie geholt würden, sagte er verächtlich; zugleich streckte er die Hand aus nach seiner Belohnung. Beschämt und bekümmert gab ich ihm das Geldstück. So einfach war es gewesen, viel, viel leichter, als jetzt ohne die fünf Pfennige der Mutter gegenüberzutreten. Ich spürte plötzlich ein wildes Verlangen, das Geld wiederzuhaben. Aber der Bub hatte die Münze schon in den Stiefel gesteckt, bei seinen zerrissenen Taschen die einzig sichere Sparkasse, wie er lachend zu verstehen gab.

Wie erschrak ich, als ich das Geldstück so verschwinden sah! Ich versprach dem plötzlich so verwünscht erscheinenden Helden goldene Berge, morgen, ja morgen wollte ich ihm Zinnsoldaten, Briefmarken, Knetgummi, eine Trillerpfeife mitbringen, wenn er mir nur, heute und jetzt, meine fünf Pfennige zurückgab. Aber der herzlose Bursche lachte nur, und als ich dringlicher wurde, gab er mir einen Stoß und schob ab, rasch verschlang ihn das Gewühl der Straße.

Das Geld war fort und ich wußte mit jedem Schritt deutlicher, wie schlimm es hinausgehen mußte. Eine hilflose Wut gegen mich selber stieg in mir auf, so einfach wäre es gewesen, bereitgehalten waren die Knöpfe, kein Wort hätte ich zu sagen brauchen. Und für diese Heldentat, die keine war, hatte ich feiger Hund fünf Pfennige bezahlt, die nicht die meinen waren.

Ich wagte nicht, Gott ein zweites Mal um Hilfe zu bitten. Und äugte trotzdem in jeden Rinnstein, ob nicht vielleicht doch ein Wunder geschähe. Konnte da nicht eine Münze aufblinken, oh du gütiger Himmel, nur ein Fünfpfennigstück? Nichts blinkte mich an, nur der Straßenschmutz glänzte im Licht; es blieb nichts anderes übrig, als heimzugehen. – Ich stieg die Treppen hinauf, ich sah in den gähnenden Abgrund, bis mir schwindelte. Tot wollte ich da drunten liegen, weinen müßten die Eltern um mich, um den braven Buben, der die richtigen Knöpfe besorgt hatte. Aber ich war nicht tot, ich lebte, ich mußte nun die Entscheidung bestehen und wußte nicht, wie. Zögernd drückte ich auf die Klingel, ganz leise nur zirpte sie, aber rasch, als hätte sie nur darauf gewartet, machte meine Mutter die Tür auf.

Kein Lob erscholl dafür, daß ich die rechten Knöpfe ihr brachte; wo ich mich so lang herumgetrieben hätte, fuhr sie mich an, und daß sie noch fünf Pfennige bekäme, wie oft sie es noch sagen müßte, daß herausbekommenes Geld unaufgefordert abzuliefern sei.

Ich wurde rot bis ins Weiße meiner Augäpfel hinein, ich versuchte zu erzählen, was nicht zu erzählen ist in wenigen Worten, für einen Großen nicht, wieviel weniger für ein verwirrtes Kind. Und meine Mutter hatte auch gar keine Lust, mein Gestammel anzuhören; daß sie erst vor drei Tagen ein Dutzend solcher Knöpfe besorgt habe, für fünfundzwanzig Pfennige, und ob ich sie vielleicht anlügen wolle, fuhr sie fort, verschleckt hätte ich das Geld, pfui Teufel, ein Lügner, ein Dieb sei ich, wer weiß, was ich sonst noch gestohlen hätte. Ich ließ alles über mich ergehen, damals, ich schlich hinaus, ein ungeheures Mitleid mit mir selber, mit Scham und Zorn vermischt, erlöste mich zu einem Weinen, dem ich mich grenzenlos hingab.

Mehr als einmal war ich später, zwanzig, dreißig Jahre später, als erwachsener Mann, versucht, meiner Mutter die Geschichte von damals zu erzählen, unverwirrt diesmal, mit wohlgesetzten Worten, um nachträglich gewissermaßen meine Ehre wiederherzustellen. Aber dann begriff ich das Empfindsame solcher Herzensverwirrungen selber kaum mehr – und wie sollte eine Frau dergleichen begreifen? Nein, niemals würde ein weibliches Wesen Verständnis haben für ein solches Kindererlebnis, denn ganz anderer Natur sind sie, die Weiber, die nichts lieber tun und von jeher taten, als in Geschäfte laufen, feilschen, prüfen und umtauschen und unnachgiebig, ja mit Lust, für ihr gutes Geld das verlangen, was ihnen zusteht und mehr noch.

Ich habe also meiner Mutter nichts erzählt, und wenn sie es, die alt gewordene, nicht längst vergessen hat, mag sie es heute noch glauben, daß ich damals ein Lügner gewesen bin und ein Dieb, ein mißratenes Kind, aus dem, wider Erwarten, doch noch ein ehrenfester Mann geworden ist. – Aber als ein Mann bin ich einmal, und es ist noch gar nicht so lange her, wieder in die Gegend gekommen, in der wir damals gewohnt haben und von der wir, noch als ich ein Kind war, in ein weit entferntes Viertel der Stadt verzogen sind. Es war an einem kalt rauchenden, lichterblitzenden Novemberabend, als ich durch die Dachauer Straße ging und mich plötzlich an das Geschäft erinnerte. Ich fand es auch sofort, es war noch fast der gleiche Laden. Mich kam eine qualvolle Lust an, hineinzugehen. Ich tat es denn auch; aber vorher überlegte ich genau, durch einen Blick ins Schaufenster mich vergewissernd, was ich kaufen wollte.

Die Tür gellte wie einst, auch der fade Geruch nach Wachstuch und Stärke war geblieben. Die alte Frau war nicht mehr zu sehen, uralt mochte sie jetzt sein oder lang schon gestorben, aber das häßliche Mädchen erkannte ich sofort wieder; es war nie jung gewesen, so war es auch jetzt nicht alt, nur ein wenig fetter und fahler war es geworden und schien so etwas wie die Besitzerin des Ladens geworden, seitdem. Mit ihrer blechernen Stimme fragte sie, die Wüste, Wuschelhaarige, womit sie dienen könne, und ich verlangte mit fester Haltung, und doch ein wenig verwirrt und verzaubert, ein Dutzend Kragenknöpfe.

Ich könnte jetzt erzählen, daß ich, in einem merkwürdigen Doppelspiel, in einer späten Spiegelung des Schicksals, die Knöpfe liegengelassen hätte. Aber ich will bei der Wahrheit bleiben, ich habe sie mitgenommen, die letzten von ihnen tun mir heute noch gute Dienste.

Ich bin dann den Weg der Kindheit wieder gegangen, das Unnennbare gewann über mich Gewalt, beklommen trat ich in unser altes Mietshaus. An Stelle der trüben Lampen war schärferes Licht getreten, sonst erschien das Treppenhaus unverändert, das fremd gewordene, seit Jahrzehnten vergessene. Ich stieg, als gehörte ich noch herein, bis zum vierten Stock hinauf. Ganz außen ging ich, an der verschabten Wand, es war mir unbehaglich zumute. Abschüssig und verschliffen waren die Stufen, bedenklich neigten sich die Böden. Droben wagte ich mich an das Geländer und schaute in den schummrigen Abgrund. Bis an die Hüften nur gingen mir die wackeligen Gußeisenstäbe, die mich als Kind wie ein

Gitter umschlossen hatten. Hier war ich herumgeturnt, furchtlos. Aber ein Dutzend Knöpfe richtig zu besorgen, war ich zu feige gewesen.

Da wurde die Tür aufgerissen, eine Frau schoß halb heraus und fragte drohend in das Stiegenhaus hinein, ob der lausige Herumtreiber endlich heimkomme. Und wenn sie auch, sogleich ihren Irrtum erkennend, sich entschuldigte, ihren Buben erwarte sie, den Streuner, den nichtsnutzigen – ich war doch erschrocken und trat eilig den Rückzug an. Aufatmend verließ ich das Haus, froh, zu entrinnen, ja überhaupt, kein Bub mehr zu sein, hilflos vor kleinem Schicksal. Aber es gibt wohl kein großes und kein kleines, sondern nur eine Grenze, für jeden anders gezogen, nach seiner Einsicht und seinen Kräften. Und wo die versagen und nicht mehr ausreichen, beginnt das Reich der dunklen, quälenden Mächte, denen kein Menschenherz zu gebieten vermag.

Das Gerücht

Die Erzählung des Reisenden

Daß wer das Ende einer Geschichte früher zu hören bekommt als ihren Anfang, ist so selten nicht; wir lernen ja das meiste nur in Bruchstücken kennen; und gar den Frauen sagen wir nach, daß sie die Romane von hinten zu lesen beginnen, weil sie zuerst, in ihrer Neugier, wissen wollen, wie alles hinausgeht. Mir aber haben sich einmal die Trümmer eines fremden Schicksals auf eine so merkwürdige, ja, schaudervolle Weise an einem einzigen Tag zusammengefügt, daß ich es doch, so gut ich kann, erzählen will.

An einem finstergrauen, zwischen der Süßigkeit des Föhns und der Bitternis des Schnees schwankenden Nachwintertag des Jahres dreiundvierzig bin ich, auf der Reise zu einem Freund im Allgäu, in den Lindauer Schnellzug gestiegen, nur für das kurze Stück zwischen Kempten und Oberstaufen. In dem Abteil der zweiten Klasse, das mir am leersten erschien, sind am Fenster zwei Offiziere gesessen, sie haben ihr Gespräch vor dem fremden Fahrgast gedämpft und erst, als ihrem prüfenden Blick Genüge getan war, haben sie wieder weitergeredet. Ich habe sie nicht stören wollen, ich habe, trotz der schon sinkenden Dämmerung, versucht, in meinem Buch zu lesen; aber ich bin von dem, was die beiden Männer miteinander gesprochen haben, wider Willen mehr und mehr angezogen worden; und nach kurzer Zeit habe ich gehorcht, auf jedes Wort begierig, mühsam genug beim langhin sausenden Singen des Zuges und bei den halblauten, abgewandten Stimmen der Sprechenden. Der ältere ist ein dicker, grauer Major gewesen, Reserve vermutlich, mit Auszeichnungen aus dem Weltkrieg; der andere ein blutjunger Oberleutnant, mit beträchtlichen Orden aus dem gegenwärtigen Krieg, der damals gerade seine fürchterlichsten Schatten zu werfen begonnen hat, nach Jahren des verblendeten Lichts rascher Siege.

Der Major ist auf den ersten Blick nicht angenehm zu betrachten gewesen. Er hat jenes feiste Gesicht gehabt, das ich nun einmal nicht leiden kann und hat aus kleinen Elefantenaugen vor sich hingeschaut; sein buckliger Schädel war kahl geschoren. Der Oberleutnant aber ist ein hübscher, kühngesichtiger Mann gewesen.

Ich habe erst nach einiger Zeit begriffen, worum das Gespräch sich drehte: um einen Soldaten nämlich, aus der

Kompanie des Oberleutnants, der, offenbar vor ganz kurzer Zeit, standrechtlich erschossen worden war.

Hier in der Gegend, sagte der Oberleutnant und weist nach Südwesten, wo sich über den tintenblauen Bergen der schwere Wolkenvorhang gehoben hat und schwefelgelb ein Streifen brennenden Lichts quillt, hier herum müsste der Mann zuhause sein. Und zu dem vielen, was er, der Oberleutnant, sich nicht verzeihen könne, komme noch, daß er sich die genaue Anschrift nicht gemerkt habe; freilich, daß er so bald des Weges käme, knapp vor dem neuen Einsatz im Osten auf Dienstreise geschickt, das sei ein Zufall, mit dem wahrhaftig niemand habe rechnen können.

Dummerweise, fährt er nach einigem Schweigen fort, sei er ausgerechnet damals stellvertretender Bataillonsführer gewesen; nur für die paar Tage vor der Verladung. Sonst wäre ihn die ganze Geschichte nichts angegangen, denn die Kompanie wäre ja unter den gegebenen Verhältnissen nicht zuständig gewesen. Und gleich fünf Tage Urlaub! Das sei ihm denn doch ein allzu unverschämtes Ansinnen gewesen. Und wohin? Der Wildenauer habe so herumgedruckst. Da habe er, der Oberleutnant gesagt, drei Tage Heimaturlaub oder gar keinen, basta! Und der Wildenauer habe sich nichts mehr zu antworten getraut.

Vielleicht, sagt der junge Offizier, wäre alles in Ordnung gegangen, wenn er ihm die fünf Tage gegeben hätte, dorthin, wo er's haben wollte. Der Wildenauer, das sehe er heute ein, hätte fünf Tage gebraucht; ohne Zweifel sei er sofort entschlossen gewesen, so lang auszubleiben und notfalls den Urlaubsschein zu fälschen.

Zu allem Unglück sei auch der verdammte Bericht, den er, ohnehin erst am sechsten Tag, ans Regiment gemacht habe, wie mit Satans Schnellpost zur Division gegangen; so sei es nun einmal beim Barras, hundert eilige Sachen blieben liegen, aber was gern einmal Aufschub vertrüge, das renne wie der Teufel ...

Er verstehe, gibt der Major zur Antwort, und seine Stimme klingt warm und gut, er verstehe den Kummer des Kameraden genau; aber Vorwürfe sollte er sich nicht machen, denn er habe doch mehr als genug zugewartet und alles versucht, um den Mann wieder zur Truppe zurückzubringen. Letzten Endes sei der Mann, obgleich er in Straßburg vor die Gewehre habe müssen, auch auf die ungeheuerliche Rechnung von Stalingrad zu setzen; denn überall habe man, von oben her, die Reizbarkeit der Herren gespürt und den blinden Eifer, warnende Beispiele aufzustellen. Acht Wochen früher oder acht Wochen später wäre der Mann mit Gefängnis oder mit einer Versetzung in eine Strafkompanie davongekommen. Vermutlich, setzte er, halb fragend, halb nachdenklich hinzu, vermutlich die alte Geschichte: Urlaubsüberschreitung zuerst, dann, zum Trotz, eine lustige

Nacht, mit Wein und Weibern gar, dann das grausame Erwachen … Ein fehlgeschlagener Versuch vielleicht, sich heimlich noch einzuschleichen; dann, bei immer verlorner Frist, die wachsende Verzweiflung und endlich die Teufelseinflüsterung, den grauen Rock auszuziehen, sich zu verbergen, die Leute anzulügen, der Urlaub sei verlängert worden oder ihnen sonst weiß Gott was vorzumachen. Und dann komme dieses Höllenleben, in dumpfer Gleichgültigkeit und in rasender Angst, mit schlecht gefälschten Papieren und ohne Lebensmittelmarken. Wie eine Fliege im Spinnennetz, sagte der Major, scheußlich! Und er trommelte einen Trauerwirbel auf die Fensterscheibe, mit raschen Fingern, wie ein zappelndes Insekt.

Schau an, denk ich, der alte Herr, der kennt sich aus, der schaut tiefer mit seinen kleinen Augen, als ich vermutet hätte. Der Oberleutnant aber, der aus Höflichkeit den Rangälteren mochte ausgeredet haben lassen, schüttelt jetzt betrübt den Kopf. Nein, sagt er, er wäre froh, wenn der Fall so eindeutig klar stünde. Mit einem gewöhnlichen Ausreißer habe er kein Mitleid, da müsse scharf durchgegriffen werden, obwohl es da auch so sei, wie überall, die armen Gimpel würden leicht gefangen, während sich die gerissenen Burschen zu Tausenden in Berlin und Warschau herumtrieben. Aber beim Wildenauer liege die Sache anders, der habe gar keine Fahnenflucht beabsichtigt, sondern sie nur, bei der äußerst kurzen und oberflächlichen Verhandlung mit einem dumpftrotzigen »Jawohl« auf alle Fragen zugegeben, um etwas andres, viel tiefer liegendes, zu verschweigen. Er habe ein Geheimnis mit ins Grab genommen, er habe auch ihm in der letzten Stunde nichts gesagt.

Er selber, sagt der Oberleutnant, glaube, es gehe auf etwas Ähnliches hinaus wie die Bürgschaft von Schiller, nur mit dem häßlichen Unterschied, daß der Wildenauer die Frist heillos versäumt hat; wahrscheinlich hat auch er für die Schwester den Gatten gefreit, allerdings auf eine bösere Art als in dem Gedicht. Und was nun den Freund anbelange, so beginne der Vergleich mit Schiller stark zu hinken, denn er selber, der Oberleutnant, habe ja die Rolle gespielt und den Urlaub des Mannes auf seine Kappe genommen; schlecht gespielt, seine Rolle, und das sei es ja, was ihm das Herz so schwer mache; obgleich er nicht wisse, wie er sie hätte besser spielen sollen. Er habe, setzt er mit mattem Lächeln dazu, sich wohl zu streng an den Text gehalten und dem Wildenauer nur drei Tage Zeit gegönnt; die wären eben zu wenig gewesen ...

Hinterher, unterbricht ihn der Major, sei jeder leicht klüger; in diesem Fall wüßte er aber auch nachträglich keinen Rat. Der Herr Kamerad habe sich nichts vorzuwerfen und, wenn in Jahren erst vielleicht, dieser verdammte Krieg zu Ende gehe, werde man schrecklichere Fügungen zu beweinen haben als den Tod dieses einen Mannes, dem keine Gnade, aber doch ein Recht zuteil geworden sei, auch wenn man die mutmaßlichen Wiener Geschichten aus dem Spiele lasse. Noch geistere ein trügerisches Licht der Siege über das Ereignis, noch sei man allzu bereit, Gefühlen nachzugeben; aber in Stalingrad, so scheine ihm doch, habe soeben die Schicksalshand das Zeichen an den Himmel geschrieben, das kein Menschenherz ganz zu entziffern wagen dürfe, es stürbe denn daran …

Der Oberleutnant hebt die erschrockenen Augen zu mir herüber, aber ich blicke in mein Buch, als hätte ich kein Wort gehört, und so fängt er wieder zu erzählen an. Das Regiment, sagt er, sei dicht bei Straßburg gelegen, jeden Tag bereit, an die Ostfront abzurücken; da komme der Wildenauer zu ihm, er bitte gehorsamst um fünf Tage Urlaub. Er habe den Mann groß angeschaut: Urlaub? Jetzt!? Aber der Wildenauer habe erklärt, er müsse dringend etwas regeln. Was? So halt, was Persönliches. Wenn er nicht mit der Sprache herausrücke, sei überhaupt nichts zu wollen. Der Wildenauer habe aber bloß hintergründig gelächelt. Er werde doch keine Dummheiten machen? Wo der Herr Oberleutnant hindenke!

Kurz und gut, er habe dann, auf eigene Verantwortung und im Vertrauen auf die bisherige gute Führung, dem Mann drei Tage Urlaub bewilligt, in die Heimat, hier, den Namen des Orts habe er eben, zum Teufel, vergessen. Der

Wildenauer habe ihm in die Hand versprochen, ihm keine Scherereien zu machen. Ganz wohl sei ihm, als Bataillonsführer, dabei nicht gewesen und auch der Feldwebel habe seine Bedenken geäußert, ob man's nicht besser wenigstens übers Regiment machen sollte, aber da hätte er gradsogut den Urlaub gleich streichen können. Und er habe also zum Feldwebel gesagt, auf den Wildenauer, so ein Teufelskerl der sonst auch sei, verlasse er sich wie auf sich selber. Die drei Tage seien verstrichen, am vierten in der Früh habe der Feldwebel, nicht ohne schadenfrohe Besorgnis, gemeldet, daß der Wildenauer nicht einpassiert wäre. Das Bataillon habe gleich an die Heimatgemeinde, wohin ja der Urlaubsschein ausgestellt war, gedrahtet; am fünften Tag sei die Antwort eingelaufen, von einer Anwesenheit des Gesuchten sei nichts bekannt geworden. Daraufhin habe er sich die nächsten Kameraden kommen lassen, er habe sie ausgefragt, wohin denn der Wildenauer sonst noch Beziehungen gehabt hätte. Und nach längerem Herumdrücken habe einer gesagt, daß er immer von einer Schwester geredet hätte, die in Wien oder so wo in einer Fabrik arbeite. Und vielleicht wäre von der auch der Brief gewesen, den er vor etlichen vierzehn Tagen gekriegt hätte und über den er in eine weiße Wut ausgebrochen wäre. Wenn überhaupt, sagt da der Major, ein Vorwurf berechtigt wäre, könnte es nur der sein, daß der Herr Kamerad dem Mann nicht genauer auf den Zahn gefühlt habe, was er vorhabe und warum er fünf Tage brauche. Vielleicht hätte man ihm seine finsteren Pläne ausreden können. Dazu aber lächelt der Oberleutnant, der Herr Major wisse doch, daß es auf eins hinauslaufe, ob man aus so einem Bauernburschen eine Lüge herauspresse oder gar nichts; von finsteren Plänen, möglicherweise, sei ja erst die Rede gewesen, wie der Wildenauer schon drei Tage überfällig war. Er selbst sei überzeugt gewesen, daß es sich um einen Liebeshandel drehe, den die Leute durchaus geheimhalten möchten. Der Mann habe ihn auch so treuherzig-verschmitzt angeschaut, daß man auf gar keinen anderen Gedanken hätte kommen können.

Jedenfalls, fährt der Oberleutnant fort, wie am Nachmittag des sechsten Tages immer noch kein Wildenauer aufgetaucht sei, da habe er schweren Herzens dem Schicksal seinen Lauf gelassen und Meldung ans Regiment gemacht. Zwei Nächte darauf sei das Regiment abgerückt zum Verladen, bei Sturm und Regen. Er habe immer noch Hoffnung gehabt, der Wildenauer komme doch noch daher, man könnte ihn vielleicht in der allgemeinen Unordnung des Aufbruchs vorerst mit nach Rußland nehmen, Zeit gewonnen, wäre schon viel gewonnen gewesen, und im ersten Einsatz im Osten würden die Herren wohl andre Sorgen haben als die Verhandlung gegen einen Ausreißer.

Und wirklich sei der Wildenauer in dieser Nacht gekommen, aber nicht allein und von selbst; zwei Feldjäger hätten in gebracht. Ganz abgezehrt sei er gewesen und habe ihn mit brennenden Augen angeschaut. Menschenskind, habe er ganz bestürzt gerufen, wo haben denn Sie sich herumgetrieben, was ist denn mit Ihnen los? Und da habe der Wildenauer nur ganz kleinlaut gestammelt, Pech habe er halt gehabt.

Die Meldung der Feldpolizeit habe bös ausgeschaut. Sie habe den Mann aus dem Schnellzug geholt, in Rosenheim, er habe der Verhaftung tätlichen Widerstand entgegengesetzt, habe den herbeigerufenen Offizier über den Haufen geworfen und sei noch einmal entsprungen; erst vierundzwanzig Stunden später sei er zum zweitenmal im Stuttgarter Zug festgenommen worden, wobei er abermals versucht habe, den Streifenführer zur Seite zu stoßen und zu flüchten. In Rosenheim habe man ihm einen offensichtlich gefälschten Urlaubsschein abgenommen, bei der zweiten Festnahme habe er überhaupt keine Papiere gehabt.

Es sei eine scheußliche Geschichte gewesen, berichtet der Oberleutnant weiter und er paßt jetzt, in der Erregung, gar nicht mehr auf, ob ich zuhöre oder nicht. Man habe die Unterkünfte schon verlassen gehabt und fürs erste gar nicht gewußt, wo man den Mann, gefesselt wie er war, unterbringen sollte. Er selber sagte, es sei jetzt verspielt, er laufe nicht mehr davon. Er, der Oberleutnant, habe dann wenigstens dafür gesorgt, daß der Mann was zu essen bekäme. Zuerst habe er nichts angerührt, aber wie man ihn dann allein gelassen habe, da habe er, trotz der Handschellen, alles wild hineingeschlungen wie ein Tier; weiß Gott, wie lang er keinen Bissen zwischen den Zähnen gehabt habe.

Es sei nichts übriggeblieben, als unverzüglich im Nachgang zur ersten Meldung den neuen Tatbestand dem Regiment mitzuteilen. Zu allem Unglück habe sich die Verladung infolge eines Wirrwarrs von Befehlen und Gegenbefehlen verzögert, die Leute seien aufsässig gewesen und der Regimentskommandeur, weitum unter dem Spitznamen »der stramme Max« bekannt, sei wütend gewesen, weil ihm der Transportoffizier den Pkw, den er unter der Hand hatte mitnehmen wollen, kaltblütig unter Hinweis auf die Bestimmungen, von der Rampe hatte abschleppen lassen.

Der kommandierende General, sagt er, sei auch plötzlich aufgetaucht, unerkannt zuerst in seinem grauen Umhang, mitten unter den murrenden Leuten, und der verärgerte Oberst, eilig herbeigerufen und von der ganzen Mannschaft mit kaum verhehltem Hohn begrüßt, habe nichts besseres gewußt, als dem General gleich den Fall Wildenauer als übelstes Beispiel der gelockerten Zucht vorzustellen; woraufhin der General in seinem ersten Zorn gebrüllt habe, er lasse den Kerl standrechtlich erschießen.

Er wolle damit, meint der Oberleutnant, beileibe nicht sagen, daß das alles unmittelbar auf den Entscheid des Kriegsgerichts, das anderntags zusammengerufen worden sei, eingewirkt habe. Er glaube aber, das Urteil würde milder ausgefallen sein, wenn die Herren bei Sonnenschein gut gefrühstückt gehabt hätten.

Die eigentlichen Hintergründe seien gar nicht aufgerollt worden. In diesem Punkt habe man sich mit der Aussage des Angeklagten begnügt, er habe seine Schwester in Wien vor dem Einsatz im Osten noch einmal besuchen wollen, habe sie aber nicht getroffen. Er selber, der Oberleutnant, habe versucht, diese Reise nach Wien in den Vordergrund zu schieben, um vielleicht ein milderes Licht auf den Unglücklichen zu werfen, aber der habe ihn so flehentlich angeschaut und den Kopf geschüttelt, daß er geschwiegen habe. Übrigens habe er selbst in der Verhandlung einen Verweis wegen leichtfertiger Urlaubserteilung bekommen, der die fälligen Hauptmannssterne für mindestens ein halbes Jahr verdunkelt habe.

Das Todesurteil, sagt der Oberleutnant weiter zu dem Major, der sich nur noch aufs Zuhören beschränkt, sei im Morgengrauen des nächsten Tages vollstreckt worden, hinter einem Schuppen des Verladebahnhofs; es habe immer noch geregnet und erbärmlich kalt sei es gewesen. Ein Teil des Regiments sei bereits abgerollt, sein Bataillon habe noch auf die Wagen für die Mannschaften gewartet.

Der Wildenauer sei an sich ganz gefaßt gewesen und habe, rührenderweise, zu ihm, als er noch einmal hinzutrat, gesagt, das ärgste sei ihm, daß er dem Herrn Oberleutnant nun doch so viele Unannehmlichkeiten gemacht habe. Die Rotte sei bereits angetreten gewesen, da habe ausgerechnet noch der Feldwebel kommen müssen mit der Dienstvorschrift, in der stehe drin, daß ein Mann nicht in der Uniform erschossen werden dürfe, sondern in die Drillichmontur einzukleiden sei.

Kein Mensch, sagt der Erzähler mit Abscheu und Erbitterung, kein Mensch hätte was davon gemerkt, wenn nicht der Gschaftlhuber sich mit seiner Paragraphenfuchserei wichtig gemacht hätte.

Hier wirft, wunderlicherweise, der Major ein Wort dazwischen: Ob den Herrn Kameraden, fragt er, das wundere, bei einem im Grund so humorlosen Volk wie den Deutschen, die so lang auf ihr Gemüt pochen, bis sie es gründlich verloren haben.

Nein, es wundere ihn nicht, sagt der Oberleutnant, aber man sieht, er hat jetzt keine Zeit für Betrachtungen, er hat wohl das schrecklich beschämende Bild vor Augen, das er sein Leben lang nicht vergessen wird. Der Mann, berichtet er, der arme Teufel, habe sich wirklich in einem Schuppen noch umziehen müssen. Schlecht geschossen sei auch noch worden, kurz, es sei eine Schweinerei gewesen, alles habe zusammengepaßt, das widerwärtige Schauspiel, die üble Stimmung der Truppe und das scheußliche Wetter.

Die beiden Herren schweigen eine Weile, dann sagt der Jüngere, er sei, wider alles Erwarten, von Berlin aus, zur Abwicklung des Nachschubs, noch einmal nach Straßburg geschickt worden. Eine Maschine sei grade nach München geflogen und da habe er, ohne Zeitverlust, den Umweg über den Bodensee nehmen können, wo er noch etwas zu besorgen habe. Deshalb sitze er jetzt in diesem Zuge und fahre an der Heimat des Wildenauer vorüber.

Ob die Angehörigen, fragte der Major, von der traurigen Sache schon unterrichtet seien. Kaum, sagt der Oberleutnant, vielleicht, daß sie in dieser Stunde davon erführen; darum ärgere ihn ja so, daß er den Namen des Ortes vergessen habe. Er würde gern, das heiße, gern natürlich nicht – aber er würde es auf sich nehmen, dem alten Vater alles zu sagen, so menschlich es gehe, statt daß jetzt die Mitteilung komme, in dürren Worten, an den Bürgermeister, zusammen mit der kargen Hinterlassenschaft. Er könne sich denken, wie schwer ein solcher Schlag hinzunehmen wäre, der Tod in Schande, das Geschwätz der Leute, die Unmöglichkeit, einen Heldengottesdienst abhalten zu lassen oder auch nur das Bild des Sohns auf das Familiengrab zu stellen. Abgesehen davon hätte er auch gehofft, über die Zusammenhänge Näheres zu erfahren. In der Reise nach Wien scheine ihm das Geheimnis zu stecken; und je genauer er den Vergleich mit der Bürgschaft bedenke, um so unheimlicher treffe er zu – vom Wildenauer aus gesehen, sei ja die Zugstreife nichts anderes gewesen als die raubende Rotte, die ihm den Pfad gesperrt habe – denn zurück habe der Wildenauer ursprünglich wollen, darüber habe er keinen Zweifel.

Der Major sagt, er fürchte, daß der Mann mit gutem Grund geschwiegen und die Anklage auf Fahnenflucht bewußt auf sich genommen habe; man tue gut daran, der Geschichte nicht weiter nachzugehen, vielleicht verliere sich ihre Spur in dem ungeheuern Schreckensstrom des Krieges, vielleicht auch komme sie eines Tags ans Licht.

Inmitten dieses Gesprächs war der Zug in Oberstaufen eingelaufen und ich habe aussteigen müssen, ohne das Ende des Berichtes gehört zu haben, zu dem der Oberleutnant gerade wieder angesetzt hat.

Ich bin, bei rasch sinkender Dämmerung, im nassen Schnee auf dem kleinen Bahnhof gestanden und habe mich nach einer Fahrgelegenheit umgeschaut; denn es sind noch gut sieben Kilometer bis Waldegg gewesen, wo mein Freund zuhause ist. Ich habe dann einen Bauern angesprochen, einen finstern alten Mann, der eine hochschwangere junge Frau in den Rücksitz eines Pferdeschlittens verpackte. Wenn ich mich zu ihm auf den Bock setzen wollte, sagt er, hätte er nichts dagegen, mich mitzunehmen, er fahre ohnehin nach Waldegg.

Ich habe dem Mann von meinem Tabak angeboten und er hat sich eine Pfeife gestopft, dann sind wir in die mürbe Schneenacht hinausgefahren, schweigend. Wer das Sitzen auf dem Bock nicht gewohnt ist, der meint jeden Augenblick herunterzufallen, aber schlecht gefahren ist immer noch besser als gut gegangen. Ein blasser Schein ist über dem grauen Land gelegen, da und dort hat ein rötliches Licht verstohlen geblinzelt, ich habe an die großen Städte gedacht, die sich jetzt in der Angst vor dem Angriff ducken und habe gemeint, hier in den Bergen spüre man den Krieg doch weit weniger als draußen in der Ebene. Das schon, brummt der Bauer, aber ihm lange es, trotzdem. Das sei seine Tochter, sagt er und deutet mit der Peitsche nach hinten, mit einem Kind und keinem Mann dazu; wer wisse, ob der Kerl sie geheiratet hätte, aber darüber brauche man sich den Kopf nicht mehr zu zerbrechen; denn er sei erschlagen worden, niemand wüßte, wie und von wem …

Ich habe nicht viel drauf gesagt, ich bin müde gewesen und habe aufpassen müssen, nicht vom Bock geschleudert zu werden. So sind wir wieder stumm weitergefahren, unterm schweren, sternlosen Himmel, in den ausgeleierten Gleisen der morschen Bahn und ich habe stumpfsinnig dem Pferd vor mir auf die zottigen Füße und die einschläfernd schaukelnden Hinterbacken geschaut.

Sein Bub, sagte nach einer langen Weile der Alte, an seiner

erloschenen Pfeife saugend, sei auch draußen; er höre nichts von ihm, aber man erzähle, das Regiment sei nach Rußland gekommen. Es sei eine spaßige Geschichte, er habe den Verdacht, dem Buben sei etwas zugestoßen, am Ende sei er gar gefallen. Es wispere so um ihn herum, vielleicht habe ein Nachbarssohn was heimgeschrieben – aber wenn er geradezu frage, wisse niemand was.

In dem Augenblick ist die Straße bergab gegangen, ins Dorf hinein, und das Pferd hat einen Satz gemacht, daß wir beinahe umgeworfen hätten. Ich habe mich mühsam genug angekrallt und bis ich wieder so recht zu mir gekommen bin, haben wir vor der Tür meines Freundes gehalten. Ich habe dem Mann noch einmal eine Handvoll Rauchtabak gegeben, der Schlitten ist ins Dorf weitergefahren und ich bin, überraschend genug, vor meinem Freund in der warmen, behaglichen Wohnstube gestanden.

Als erstes, nach der Begrüßung, hat er natürlich wissen wollen, wie ich hergekommen wäre. Ich erzähle ihm, daß mich ein alter schnauzbärtiger Bauer auf dem Bock seines Schlittens habe mitfahren lassen und da sagt er – und schaut seine Frau bedeutungsvoll an, da sei ich ja mit dem alten Wildenauer gefahren.

Es ist jetzt an mir gewesen, überrascht, was sage ich, im Innersten betroffen zu sein. Es gingen, berichtet die Frau, tolle Gerüchte um, eine böse Sache sei es wohl; sie habe gehört, der Bürgermeister habe vorgestern ein Päckchen mit den Habseligkeiten des jungen Wildenauer bekommen, aber gefallen sei der wohl nicht ... Nein, sage ich und erzähle in die erstaunten Augen meiner Gastgeber hinein, daß der Sohn in Straßburg standrechtlich erschossen worden sei.

Wir haben dann die Stücke zusammengesetzt wie ein zerbrochenes Gefäß, und die Scherben haben genau aufeinandergepaßt. Es ist eine runde Geschichte geworden. Der Wildenauer hat den Brief von seiner Schwester bekommen und hat den Plan gefaßt, die Sache, so oder so, in Ordnung zu bringen. Er ist nach Wien gefahren, hat sich aber bei seiner Schwester gar nicht sehen lassen, sondern zuerst mit dem Liebhaber abgerechnet. Der mag ihm, weiß Gott, eine Heirat rundweg abgelehnt haben, vielleicht hat er ihn auch verhöhnt und beleidigt, jedenfalls hat der Wildenauer den Mann im jähen Zorn niedergeschlagen.

Er hat dann den beispiellosen Glücksfall erkannt, hat die Lücke wahrgenommen, durch die ihn das Schicksal entschlüpfen zu lassen schien: Wenn er ohne Aufhebens wieder zur Truppe kam, erfährt niemand, wo er gewesen ist. Der Tote redet nicht mehr.

Aber er fängt sich in den Netzen der Feldpolizei. Ein rabiater Bursche ist er von Natur aus, jetzt weiß er, daß für ihn alles auf dem Spiel steht, er versucht, die Maschen zu zerreißen, koste es, was es wolle. Er zerreißt sie nicht, er hat – und das ist seine ganze moralische Einsicht – Pech gehabt. Das ist auch das einzige, was er dem Oberleutnant zu sagen hat, wie er eingeliefert wird.

Wir drei haben noch überlegt, was wir tun sollen, aber wir sind uns rasch darüber einig geworden, daß wir schweigen würden; denn wem wäre mit dieser ungeheuerlichen Geschichte gedient gewesen?

Inhaltsverzeichnis

Die Perle 5

Einen Herzschlag lang 21

Die schöne Anni 36

Der Fischkasten 62

Ein Dutzend Knöpfe 90

Das Gerücht 109